本研究受到中国社会科学院创新工程项目"新时代动能转换的机制与效果评价（编号 IQTE2020－01）"、中国社会科学院登峰战略优势学科技术经济学（编号 CASS2017YSXKJSJJ）和国家社会科学基金重点项目"数字经济对中国经济发展的影响研究（编号 18AZD006）"的支持。

数字货币创新：
影响与应对

彭绪庶 著

DIGITAL CURRENCY INNOVATION:
INFLUENCE AND POLICY RECOMMENDATIONS

中国社会科学出版社

图书在版编目(CIP)数据

数字货币创新：影响与应对／彭绪庶著 . —北京：中国社会科学出版社，2020.9（2021.6 重印）

（国家智库报告）

ISBN 978 - 7 - 5203 - 7095 - 0

Ⅰ.①数… Ⅱ.①彭… Ⅲ.①数字货币—研究报告—中国 Ⅳ.①F713.361.3

中国版本图书馆 CIP 数据核字（2020）第 164084 号

出 版 人	赵剑英
项目统筹	王 茵
责任编辑	黄 晗
责任校对	冯英爽
责任印制	李寡寡

出　　版	中国社会科学出版社
社　　址	北京鼓楼西大街甲 158 号
邮　　编	100720
网　　址	http://www.csspw.cn
发 行 部	010 - 84083685
门 市 部	010 - 84029450
经　　销	新华书店及其他书店

印刷装订	北京君升印刷有限公司
版　　次	2020 年 9 月第 1 版
印　　次	2021 年 6 月第 2 次印刷

开　　本	787×1092 1/16
印　　张	9.25
插　　页	2
字　　数	100 千字
定　　价	56.00 元

凡购买中国社会科学出版社图书，如有质量问题请与本社营销中心联系调换
电话：010 - 84083683
版权所有　侵权必究

前　言

在人类文明演进过程中，货币作为商品经济发展到一定阶段的产物而呈现出不同形态，相应地也体现出不同特征。进入后工业时代，新一代信息技术应用不断改变着生产生活和商业模式，数字经济将成为未来占主导的基本经济形态。金融领域始终是信息技术应用的领先者和前沿领域，货币交易支付结算更是其中一大重要领域。尤其是近年来，货币交易支付加快从有形的现金交易支付方式向电子化的非现金交易支付方式演进，货币支付和清算模式也在不断发生变化，货币形态改变的趋势日益明显。

比特币的出现被认为是数字货币诞生的标志。尽管目前各国对于比特币和其他私人发行数字货币监管看法并不一致，甚至是相当矛盾。但无论我们认可或反对，毫无疑问，比特币及支撑和驱动比特币发展的区块链技术已成为货币史上的一个重要里程碑，货币形态变革的大门已悄然打开。与其他货币形态相比，数字货币不仅具有电子货币发行成本低、保存和支付便捷、交易成本低、相对更安全等特点，也具有现金的分散性、可匿名和隐私性强等优势。围绕数字货币及其支付创新，将推动数字金融、电子商务等数字经济的发展，也可能催生形成新的业态和商业模式。因此，在私人数字货币不断创新发展，实用性越来越强的同时，不仅比特币等具有明显缺陷的私人数字货币禁而不绝，连互联网巨头脸书（Facebook）等也嗅到商机，跃跃欲试要推动发行天秤币（Libra）。凭借Facebook公司与天秤币理事会背书，锚定部分主要国家法币的兑换机制设计，以及Facebook庞大用户群体和丰富应用生态的加持，Libra可以看作一种具有内在稳定价值的天然"稳定币"，获得了等同于中央银行（以下简称"央行"）背书的信用担保，其货币的功能属性和超主权货币特征非常明显。

在多国金融监管机构的联合高压下，Facebook公司虽然改变了Libra设计方案，并推迟了Libra发行，但并不意味着私人数字货币停止创新，包括Facebook公司在内的私人发行超主权货币的行动也不会永远停止。同样，在新技术条件下，由于现金使用减少的趋势仍在继续，数字经济发展的趋势仍在继续，对主权国家是否发行数字法币的影响始终有增无减。正如硬币具有正反两面，发行数字法币是顺应数字金融和数字经济的发展趋势，其好处和收益显而易见，但在打开未知大门后面临的挑战和潜在风险也不可忽视。数字法币不会如同历史上简单的货币形态更替，由于其本质是新型数字金融支付基础设施，引入数字法币将对金融货币政策甚至对未来金融的基本逻辑产生颠覆性影响。

综合来看，由于国情不同，各国对私人数字货币采取不同的监管策略和政策。对于是否引入数字法币，虽然全球多数央行已开展发行数字法币的相关工作，但除少数国家开展试验或试点外，主要经济体央行均未决定何时正式引入数字法币。历史上无数技术创新的商业化实践表明，先行者并不必然是成功者，颠覆式创新的引入时机至关重要。即便不考虑这些，在数字金融尤其是在第三方移动支付领域的发展中，中国已走在世界前列。引入数字人民币很可能是一场自我革命，首先影响现有支付创新路径和众多新兴商业模式。因此，对中国而言应更加慎重应对，既要为新趋势的到来做好准备，也要避免被技术论者和民粹主义所绑架。

摘要：随着比特币的出现，数字货币开始进入大众视野。作为适应和支撑数字金融创新的一种去中心化支付基础设施，数字货币通过数据进行交易，并发挥流通手段、记账单位及价值储存功能。近年来，随着全球货币支付和清算模式不断创新，支付交易方式正快速从有形的现金交易向电子化的非现金交易演进，货币形态改变的趋势日益明显。

依托区块链技术与人工智能、云计算、大数据等多种新一代信息技术的融合应用，未来数字货币从发行到应用将形成一个丰富的产业生态，不仅是驱动数字金融创新的重要力量，也会催生形成新的商业形态和商业模式。在此背景下，私人数字货币得以不断创新发展，Facebook 公司的新型加密货币 Libra 便是一个典型例子。由于获得了等同于央行背书的信用担保，其超主权货币特征进一步显现。尽管在现阶段下，私人数字货币仍受到多方金融监管部门的限制，但其创新的步伐不会停止。

主权国家发行数字法币是顺应数字金融和数字经济的发展趋势，但考虑到金融基础设施的稳定性和风险性，本书较详细地分析和列举了引入数字法币在技术、商业、经济、金融、跨境支付和国际贸易等多方面的影响与利弊。当前，虽然全球多数央行已开展发行数字法币的相关工作，但主要经济体央行均未决定何时正式引入数字法币。面对未来数字货币的发展和创新，中国应当在加快完善私人数字货币监管的同时，加强对数字人民币的研究和试点，但不应急于发行，而是优先与相关国家、区域国际联盟和国际组织合作发行区域跨境数字货币。

关键字：数字货币；创新；区块链；私人数字货币；数字法币

Abstract: With the advent of bitcoin, digital currency began to enter the public vision. As a decentralized payment infrastructure that supports the innovation of digital finance, digital currency trades through data, and plays the functions of circulation means, accounting unit and value storage. In recent years, the mode of global monetary payment and settlement has been constantly changing, and the payment method is rapidly evolving from tangible cash transaction to electronic non-cash transaction. The change of monetary form is increasingly obvious.

Based on the integrated application of blockchain, AI, cloud computing, large number and other new generation information technologies, digital currency will be a rich industrial ecology from, which will promote the development of digital economy such as digital finance and e-commerce, and lead to the formation of new formats and business models. In this context, the private digital currency has been continuously innovated and developed. Facebook's new crypto currency Libra is a typical example. Due to the credit guarantee equivalent to the endorsement of the central bank, its super sovereign currency features are further demonstrated. Although at present, the private digital currency is still restricted by multiple financial regulatory authorities, its innovation pace will not stop.

The issue of digital legal currency by sovereign countries conforms to the development trend of digital finance and digital economy. However, considering the stability and risk of financial infrastructure, the report analyzes and enumerates in detail the impact and advantages and disadvantages of the introduction of digital legal currency in technology, commerce and economy, finance, cross-border payment and international trade. At present, although most of the world's central banks have started to issue digital legal currency, the central banks of major economies have not decided when to officially introduce digital legal currency. In the face of the development and innovation of digital currency in the future, China should speed up the improvement of private digital currency supervision, strengthen the research and pilot of digital RMB, but should not rush to issue, but give priority to the cooperation with relevant countries, regional international alliances and international organizations to issue regional cross-border digital currency.

Key words: Digital Currency; Innovation; Blockchain; Private Digital Currency; Digital Fiat Currency

目　　录

一　货币演进的数字化趋势 ……………………（1）
　（一）货币形态和载体的演进……………………（1）
　（二）货币支付方式演进趋势……………………（3）
　（三）新一代信息技术条件下的货币演进 ………（8）

二　数字货币的概念与内涵……………………（14）
　（一）电子货币和虚拟货币 ………………………（14）
　（二）数字货币及其范围和类型 …………………（17）
　（三）数字货币的职能 ……………………………（21）
　（四）理解数字货币的几个维度 …………………（24）
　（五）走向数字货币时代 …………………………（28）

三　区块链与数字货币技术路径选择……………（31）
　（一）数字货币与金融科技发展 …………………（31）
　（二）区块链技术原理和工作机制 ………………（33）

（三）区块链的技术特征和优越性 ………………（37）
　　（四）区块链的技术经济约束 ……………………（40）
　　（五）区块链技术创新与数字货币技术
　　　　　中性 …………………………………………（44）

四　私人数字货币的演进与影响 ………………………（52）
　　（一）私人数字货币的诞生和发展概况 …………（52）
　　（二）第一代私人数字货币 ………………………（58）
　　（三）第二代私人数字货币 ………………………（65）
　　（四）新一代私人数字货币 ………………………（70）
　　（五）私人数字货币演进的影响 …………………（74）

五　数字法币及其发行利弊和风险分析 ………………（78）
　　（一）数字法币及其类型和特征 …………………（78）
　　（二）各国央行对数字法币研究和试验
　　　　　进展 …………………………………………（84）
　　（三）发行数字法币的利弊与风险分析 …………（94）

六　数字货币发展趋势与央行应对 ……………………（111）
　　（一）数字货币创新发展趋势 ……………………（111）
　　（二）应对数字货币创新挑战的政策
　　　　　建议 …………………………………………（116）

（三）关于数字人民币发行方案的若干
　　　建议 ………………………………………（122）

参考文献 ……………………………………………（127）

一　货币演进的数字化趋势

（一）货币形态和载体的演进

现在多数理论都认同，货币是商品交换的产物，或者说是商品经济发展到一定阶段的产物。人类社会经济早期是物物交换，但物物交换有诸多不便，严重限制交易的进行。无论中外，贝壳、磨制石器、织物等都一度成为最初的实物货币，但由于这些实物数量有限，在金属出现后，铁、铜、金和银等都在不同时期成为制造货币的材料。考古和历史文献发现，中国可能在商朝时已开始应用金属货币，最晚在西周时，金属货币已开始广泛应用。尤其是金属铸币的出现，实现了货币形态标准化的重大跃进。可以说，在人类经济史上金属铸币的历史最为悠久，甚至可以认为在工业革命以前，金属铸币都是各国主要的货币形态。

但金属货币也有很多缺点，例如，使用过程中容易产生损耗，携带和大额交易不便，于是纸币等应运而生。北宋时期产生的"交子"成为最早的纸币。不同于金属货币以其实物金属具有一定的内在价值，纸币是典型的代用货币，本身价值极低，它主要是以其背后的金银等贵金属或等值金银为保证。到了工业革命后，纸币在现代国家基本上完全替代金属货币成为占绝对主导的货币形态和载体。无论是金属货币，还是纸币，实际上都已演化成为一种以货币发行国家信用为保证的信用货币，这也成为现代货币的基本形态。

虽然在历史上，纸币产生后，金属货币与纸币仍然在同时使用，甚至金属货币曾在相当长时期内占有主导地位，但从实物货币到金属货币，再到纸币，以至于具备信用货币性质的金属货币和纸币的演化过程，反映了货币形态和载体演化的内在原因和基本特征，即商品经济的繁荣，不断推动货币形态和载体创新，以满足交易和支付数量、频次与规模增加的需要。货币形态和载体创新的基本轨迹是标准化、轻量化和便利化，发行成本低，自然损耗少，既便于存放和携带，也便于交易和支付。

现代商品经济是信用经济。反映在货币上，尤其是在金本位崩溃后，货币主要发挥价值尺度、支付、流通和储藏手段等功能，社会对货币的需求不在于其自然材料属性和内在价值，而是依赖于其代表的信用状况，货币本身已异化为信用关系的载体和一种表达方式。因此，信用货币不仅限于纸币或金属货币，其形态进一步泛化为任何一种可能的价值符号，如数字。货币的持有不限于可见有形物货币的持有，货币的交易也不再局限于可见有形物货币的转移，因为存在足够的信用和制度保障，只需要用数字记录和登记价值符号的变动即可。这实际上是一种货币数字化的初始形态。

电子计算机的出现改变了现代金融业的运行模式，包括货币交易和支付等金融活动也都通过计算机完成，电子货币应运而生，货币电子化开始逐渐成为货币的主导形态，货币形态的演进彻底完成了从有形到无形的飞跃。

（二）货币支付方式演进趋势

1. 非现金支付的兴起与分化和进化

总体上，货币形态可以分为有形的物理货币，如金属货币和纸币等，以及无形的电子化货币。在货币形态和载体演进过程中，随着技术进步，货币交易支付方式也在逐步从有形的现金交易支付方式向电子化的非现金交易支付方式演进。与此同时，电子化非现金交易支付方式也在不断分化和进化。

据业界统计[①]分析（见表1–1），从近5年非现金交易规模增长来看，除拉美和北美外，几乎所有地区均保持较高增速，且发展中国家总体比成熟市场增速更快。例如，2016—2017年，全球非现金交易规模增长12%，其中发展中国家非现金交易规模年均增速约为22.6%，成熟市场年均增速约为6.9%。尤其是在以中国和东南亚为代表的亚洲新兴市场，得益于二维码等新兴支付方式的创新和应用，以及电子商务的快速发展，非现金交易规模的增长速度也是最快的。2013—2017年，亚洲新兴市场非现金交易规模增速高达34.6%，远超北美的5.4%和全球的10.8%。即便是在非现金交易规模增速较低的北美和欧洲（含欧元区），2013—2017年两地区复合年均增长率亦分别达到5.4%和7.9%。全球非现金交易规模增速将进一步上升到14%，其中发展中国家非现金交易规模年均增速将达到23.5%，远超过成熟市场年均7.1%的增速。虽然亚洲新兴市场非现金交易规模增速略有下降，但仍然远超过全球多数地区。

另外，2013—2017年，虽然全球流通中现金规模仍保持4%—7%不等的适度增长，但显然现金流通和

---

① Capgemini Payments Services, *World Payments Report 2019*, https://worldpaymentsreport.com/resources/world-payments-report-2019/.

表1-1　　2013—2022年全球和主要地区非现金交易规模增长率　　单位：%

	复合年均增长率	增长率		复合年均增长率	增长率
	2013—2017年	2015—2016年	2016—2017年	2017—2022F	2017—2018F
全球	10.8	10.4	12.0	14.0	11.2
拉美	5.4	3.4	8.3	6.0	5.5
中欧、中东和非洲	15.9	19.0	19.3	21.6	17.9
亚洲新兴市场	34.6	27.0	32.5	29.7	28.6
亚太成熟市场	10.5	10.4	11.0	10.2	10.2
欧洲（含欧元区）	7.9	8.4	7.6	8.5	6.3
北美	5.4	5.1	5.1	4.7	4.7

资料来源：Capgemini Payments Services（2019），*World Payments Report 2019*，https：//worldpaymentsreport.com/resources/world-payments-report-2019/。

现金交易规模增长低于非现金交易规模增长。因此，多数国家现金支付的份额都有不同程度的下降，非现金支付和交易已占绝对主导地位。在英国，2006—2018年，现金在支付中的占比从63%下降到28%，尤其是自2012年后呈加速下降态势。目前现金支付的占比比借记卡的支付占比约低9个百分点。即使不包括金融部门和企业部门，居民家庭等非金融部门也已经接受并习惯了非现金支付和交易工具的使用。例如，2017年银行卡在支付工具中继续占有最大的支付份额。得益于新兴市场国家借记卡数量的增长，银行卡的支付份额比2016年上升了2个百分点。不仅是传统的银行卡等非现金支付工具，很多国家都加强了支付方式创新。例如，在澳大利亚，一触即付（tap-and-go payment）式支付推广迅速。在马来西亚、印度和泰国等，已经比较方便地实现了电子钱包与银行之间的互操作性。在瑞典，各界致力于合作建设"无现金社会"，银行合作开发手机支付软件Swish，实现全天候电子转账实时到账。目前零售消费交易中，现金结付的比例只有6%。现金交易在瑞典经济中的比例更是低至3%。从2016年开始，印度政府结合"废钞令"，推出国家支付钱包和国家支付二维码，极大地促进了非现金交易的发展[1]。

在中国，无论是传统的银行卡，还是新兴的电子支付（包括移动支付）发展都非常迅速。根据中国人民银行支付结算司统计[2]，2018年，全国银行业金融机构共办理非现金支付业务2203.12亿笔，同比增长36.94%。银行卡发卡数量达75.97亿张，人均持有银行卡5.46张，同比分别增长13.51%和12.91%。银行卡交易为2103.59亿笔，金额达862.10万亿元，同

---

[1] 王信、郭冬生：《瑞典无现金社会建设启示》，《中国金融》2017年第18期；郭航：《国外主要国家无现金社会发展概况及对我国的启示》，2017年9月21日，http://www.pcac.org.cn/eportal/ui?pageId=598168&articleKey=599904&columnId=595049。

[2] 中国人民银行支付结算司：《2018年支付体系运行总体情况》，2019年3月18日，http://www.pbc.gov.cn/zhifujiesuansi/128525/128545/128643/3787878/index.html。

比分别增长40.77%和13.19%。移动支付业务为605.31亿笔，金额达277.39万亿元，同比分别增长61.19%和36.69%。另据Capgemini发布的《世界支付报告2016》统计，虽然中国信用卡尚不普及，2015年信用卡占支付结构的比例仅为10%，但电子钱包占比高达60%，远超过全球（31%）和欧美国家。虽然移动支付发展只有短短几年时间，但如果单纯比较支付业务，移动支付规模可能已超过银行卡支付规模。中国知名咨询公司艾瑞的研究也证实（如图1-1所示），在第三方支付市场，大约从2016年开始，移动支付迎来井喷式发展，移动支付业务规模占比已超过50%，远超其他支付方式。

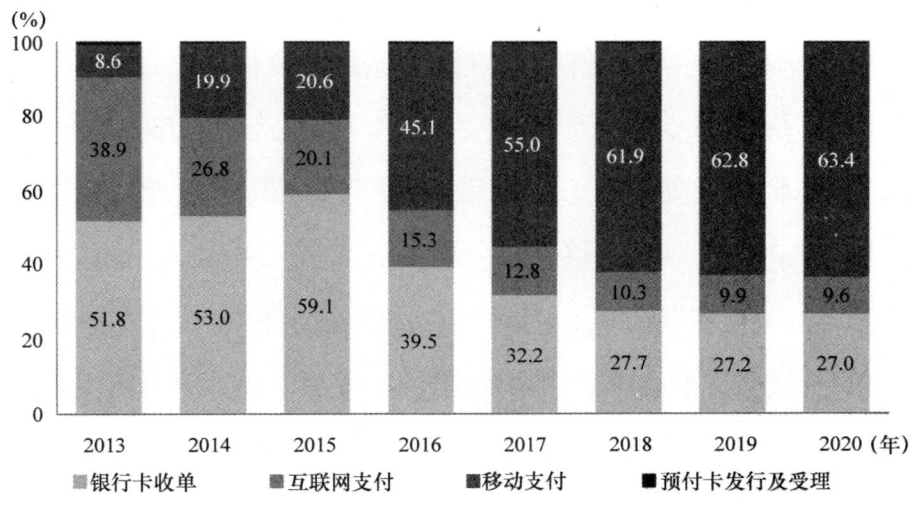

图1-1　2013—2020年中国第三方支付交易规模业务结构

资料来源：艾瑞咨询：《2018年中国第三方支付行业研究报告》，2019年2月22日，http://report.iresearch.cn/report/201902/3337.shtml。

考虑到中国移动通信基础设施和电子商务的蓬勃发展，从支付方式的变革可以看出，如果推出数字货币，无论是网络基础设施，还是消费者接受度，均已经做好了准备。美国一项调查发现，当面对加密货币列表选项时，58%的人知道比特币，而即使没有加密货币列表提示时，在回答加密货币相关问题时，仍然有高达37%的人主动提到比特币。① 这也从侧面证明，市场对数字货币有足够的了解，并准备好了迎接数字货币时代的到来。

（三）新一代信息技术条件下的货币演进

人类社会已开始进入后工业时代，信息技术应用已广泛渗透到各行各业、社会管理和日常生活，信息化已改变了社会生产和生活的基本范式。如果说早期信息技术的发展还仅仅是改变生产组织方式和丰富生活内容，近年来以移动互联网、物联网、人工智能、大数据、区块链、云计算、生物识别等为代表的新一代信息技术的应用，不断催生新生产、新应用、新商品、新业态和新模式，其革命性的影响不仅推动改变

---

① Siamak Masnavi, Coinbase Research: The umited states of crypto, Jun. 29, 2019, http://www.cryptoglobe.com/latest/2019/06/coinbase-research-the-united-states-of-crypto.

微观的生产组织模式，社会大生产的底层——生产要素和生产关系也在不断地被重构，人类吃穿住行等基本生活方式也在改变。人类社会正在由信息时代向数字时代迈进，数字经济将成为未来占主导的基本经济形态。

金融业是最早应用信息技术的主要行业之一，甚至可以认为现代金融业是主要的信息处理行业之一。通过上述对货币形态和货币支付方式演进的简单回顾可以看出，货币形态从物理有形到电子化无形、货币支付从现金到非现金的演进过程中，信息技术进步是最重要的驱动因素。早期信息技术发展开启了货币电子化时代，催生了电子货币，而新一代信息技术的应用则推动加速并彻底实现了货币电子化。据报道，韩国从2016年年底开始停止铸造硬币，欧洲央行从2018年开始停止发行500欧元面值纸币，甚至美国已开始有声音讨论要废除100美元面值纸币。数字经济发展需要更加安全、便利和低成本的货币和货币支付方式，新一代信息技术应用也将适应数字经济发展需求催生出新的数字货币，并再次实现货币形态的蜕变。近年来，以比特币为代表的数字货币和部分国家央行讨论的数字货币，实际上都是顺应了货币演进的这一发展趋势。

在信息技术发展驱动货币形态演进的同时，由于新一代信息技术应用改变了生产和商业模式，货币支付和清算模式也在不断发生变化。在传统现金交易中，付款方（买方）与收款方（卖方）是"一手交钱和一手交货"的直接交易模式，货币流与货物流逆向流动，货币只有支付，不需要清算。信息技术发展推动银行卡、电子转账等非现金交易模式的发展。如图1-2所示，在非现金的电子支付交易模式下，如果付款方与收款方不在同一银行开户，如分别在银行A和银行B，则需要通过第三方清算组织（机构）进行清算以完成交易支付过程。如果双方都是在同一银行开户，如银行A，则只需要在银行A记账即可，不需要通过清算组织（机构）。但在任何一种情况下，货币支付和清算过程都是在专有银行网络系统中完成的，货币流始

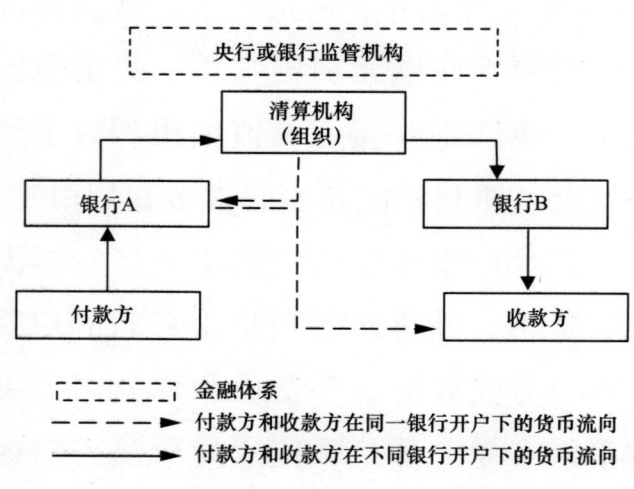

图1-2 传统电子支付模式的货币清算模式

资料来源：笔者自制。

终处于央行或银行监管机构的监管范围内，央行或银行监管机构可以对金融系统中流通货币量和货币流动方向等进行监管。

随着信息技术发展，电子商务不断普及，直接推动了第三方支付机构的兴起和发展，为消费者提供了一个除了传统货币电子支付渠道外的新选择。目前国内外第三方支付发展模式和实现路径略有不同，总体来看，在存在第三方支付机构的情况下，第三方支付机构分别在不同银行开设资金账户和备付金账户，与不同银行建立接口（如中国第三方支付发展早期），或者直接与更高层级的清算机构（组织）建立接口（如中国"网联"模式），代理处理付款方和收款方的货币交易和支付任务。支付和清算过程在银行专用网络内完成，且受央行或银行监管机构监管。另一种情况下，由于付款方和收款方都在第三方支付机构开设了账号系统，第三方支付机构直接清算双方货币交易活动，如中国第三方支付发展早期和目前部分国家即是如此。在这种情形下，第三方支付机构发挥了平台银行的功能定位，既是支付机构，也是类银行金融机构和清算机构。这在后一种情形下，货币支付交易和清算只需要公共互联网或其他专用网即可完成，央行或银行监管机构难以实现直接和及时地监管。这也是中国和部分国家收缩第三方支付机构货币支付清算功能，促使将其纳入金融监管的重要原因。

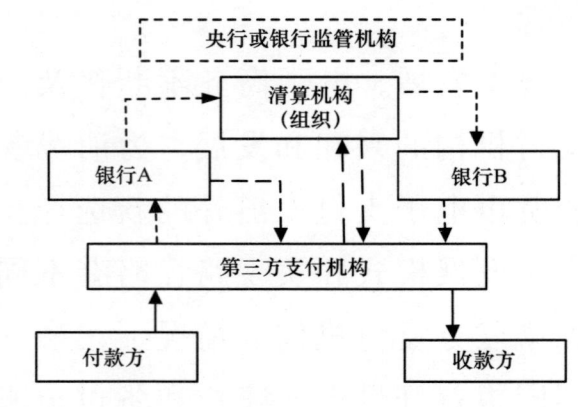

图1-3 第三方支付模式下的货币清算模式

资料来源：笔者自制。

在数字货币模式下，数字货币无法全部替代原有电子货币，原有货币支付清算渠道仍然可以继续存在并运行（虚线），如图1-4所示。但由于数字货币类似于现金，其安全性和匿名性很大程度上体现在可以实现点对点地交易支付。因此，数字货币交易支付过程如同现金交易支付过程，可以在付款方和收款方之间直接完成，可以在公共互联网或任何专用网络中实现，完全脱离现有金融体系运转，形成"监管真空"。

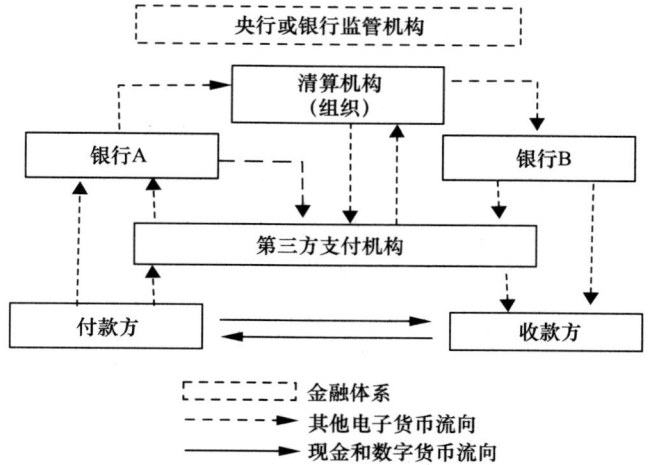

图1-4 第三方支付和数字货币模式下的货币清算模式
资料来源:笔者自制。

二 数字货币的概念与内涵

(一) 电子货币和虚拟货币

数字货币是当前的一大热点,但无论是理论研究,还是各国央行和国际主流金融机构,对数字货币并未形成共识性的定义。尤其是近年来由于以比特币为代表的加密货币被投资者和新闻媒体热炒,数字货币的概念常常与早期的电子货币和当前流行的虚拟货币、加密货币等概念被一起讨论,甚至是混为一谈。

1. 电子货币

电子货币在上述概念中出现最早,甚至可以认为从利用计算机处理金融业务推进金融电子化时,随着货币电子化即出现了电子货币。对电子货币也有两种不同理解,一种宽泛的理解是,电子货币是指可用于电子支付的货币。这种理解过于模糊。巴塞尔银行监管委员会给了一个比较明确的定义，电子货币是指通过不同电子设备和公开网络实现储存和支付功能的一种零售支付机制①。

巴塞尔银行监管委员会是侧重从电子支付的角度进行定义，导致很多认为具有预支付功能的储值卡也被归为电子货币。另外，由于货币的概念和指向已深入人心，即货币特指一个国家或地区政府认可、金融系统支持的法定货币。因此，欧盟《电子货币指令》（EMI Directive）给出一个明确且严格的电子货币定义，即存储于电子设备中、可广泛用于向除了发行者之外进行支付的一种货币价值②。欧盟对电子货币的定义狭义且严格，不仅为欧盟各国，也被多数国家所接受。显然，根据这一定义，电子货币可以认为是法定货币的电子化形式，具有与法定现金和银行存款的同等法律效力和相当的支付能力。

从实际情况来看，电子货币需要用等额现金或存款兑换等额的电子化的货币，以用于保存、交易和支付。电子货币最常见的载体是银行卡和电子支票。随着互联网尤其是移动互联网的普及，电子账户和电子

---

① Basel Committee on Baking Supervision, Risk Management for Electronic Banking and Electronic Money Activities, Mar. 19, 1998, https://www.bis.org/publ/bcbs35.htm.

② 孙宝文、王智慧、赵胤钘：《电子货币与虚拟货币比较研究》，《中央财经大学学报》2008年第10期。

钱包等新型支付工具也开始成为电子货币重要的载体。因此，电子货币本质上是一种以计算机技术为依托、可电子化的储存价值或支付机制。

2. 虚拟货币

虽然有研究认为虚拟货币与电子货币都是指没有实物形态、以电子数字形式存在的货币，但主流研究和各国金融监管机构都认为，虚拟货币的概念最早来源于互联网游戏和互联网社区，是网络化的代币，国内比较典型的是腾讯公司的Q币、百度币、新浪U币、京东京豆等。这类虚拟货币通常由某个互联网企业或社区发行与管理，具有计价功能，在相应或若干网络应用程序和虚拟社区内可以用于购买商品或服务，并实行内部结算。

时至今日，虚拟货币的概念和范畴也在不断变化，对虚拟货币也出现了多种不同的理解。例如，认为虚拟货币就是电子货币，电子货币是信息化初期的表述，虚拟货币是移动互联网时代的称谓，二者没有本质区别。例如，中本聪最早关于比特币的论文即将其称为一种电子现金系统。有的则认为，虚拟货币并非货币，是模拟货币储值和支付功能的虚拟化的支付机制，不仅包括游戏币和社区币等各种互联网平台代币，现实中一些连锁商业机构发行的储值卡和积分卡等也是虚拟货币的不同形式。

近年来，比特币等新型虚拟货币的诞生彻底改变了人们对虚拟货币的认识。因此，当前主流的观点认为，虚拟货币是指利用加密算法产生的、电子化的网络加密货币，也被称为加密货币。比特币、林登币等都是典型代表。显然，这是一个内涵和范围都相对较窄的定义。与平台代币不同，虚拟货币类似于电子货币，具有更广的流通性和接受度，同时与真实货币之间存在双向兑换关系。但与狭义意义上、与法定货币对应的电子货币不同，虚拟货币不依赖现有金融网络，有自己的价值单位和支付系统，独立于现有货币清算体系。

（二）数字货币及其范围和类型

如同对电子货币和虚拟货币的理解，各界对数字货币也有不同的理解和界定。王永利列出了常见的四种看法：一是认为数字货币是"去中心化的网络内生的数字加密货币"，如比特币和以太币等；二是认为数字货币是与特定法定货币挂钩的稳定币，如 USDT 等；三是认为数字货币是与一篮子货币按比例挂钩的稳定币；四是认为数字货币是央行利用信息技术发行、在网上运行的货币，即央行数字货币。比较早研究数字货币的国际清算银行认为,数字货币是一种构建在分布式账本技术上的去中心化的支付机制①。数字货币是广义的电子货币,但因为一些数字货币并非以主权货币为单位定价,甚至独立定价,没有与主权货币捆绑在一起,因此,数字货币不是严格或法律意义上的电子货币②。钟伟等③列举了几个较有影响的定义,例如,在维基百科上,数字货币被定义为依靠校验和密码技术创建、发行和流通的电子货币。金融行动特别工作组(The Financial Action Task Force,FATF)认为,数字货币是经过数据交易并发挥流通手段、记账单位及价值储存功能,但缺乏国家信用保证的数据表现形式。与此类似,国际货币基金组织(IMF)认为数字货币是私人发行、面额不定、以电子形式使用的账户单位。国内一些研究在介绍国际上数字货币发展时,通常并不区分数字货币与虚拟货币。

这里暂不对上述定义是否恰当进行评判。显然,对数字货币之所以出现不同理解是因为侧重点不同,并无对错之分。有的侧重于技术层面,如是否采用分布式账本技术和是否加密等;有的侧重于对象功能,

---

① BIS. Digital currencies, Nov. 23, 2015, https://www.bis.org/cpmi/publ/d137.htm.
② Ibid..
③ 钟伟、魏伟、陈骁:《数字货币:金融科技与货币重构》,中信出版社2018年版。

数字货币创新：影响与应对　19

是否仅仅是一种支付机制；有的侧重于发行方，或是否具备央行背书。同样，有大量研究比较了数字货币与电子货币、虚拟货币的异同，不同概念产生的时空背景和技术条件不同，差异仅仅是因为研究的出发点和侧重点不同而已。

国际清算银行在关于央行数字货币的报告中，提出可以按照货币之花对数字货币进行分类和分析。如图2-1所示，货币有四种属性：发行者（央行或者私人）、形态（数字或物理）、加密性［基于令牌或基于账户（token-or account-based）］、可达性（广泛的或受限制）。根据这一分类，从传统的法定货币和加密算法

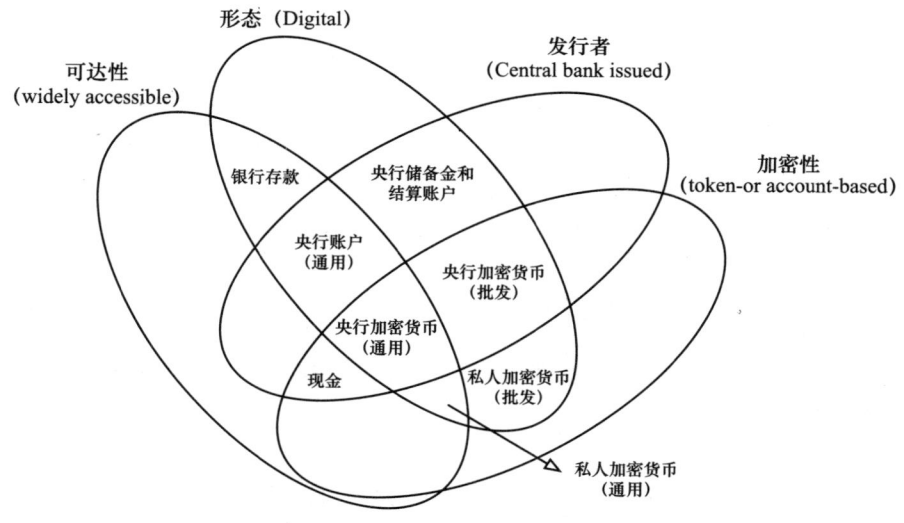

图2-1　货币之花：货币分类

资料来源：Bank for International Settlements（2018），Central bank digital currencies，Mar. 2018，https：//www.bis.org/cpmi/publ/d174.htm。

的角度来看，只有一个国家或地区央行发行或背书的加密货币才是数字货币。央行加密货币包括两种类型：央行定向针对商业银行批发的数字加密货币和央行发行、不限定任何用户的数字加密货币[①]。显然，如果要强调数字货币的合法性传统，并在技术上能与比特币等虚拟加密货币进行比较，只有央行加密货币才符合数字货币的要求。因此，这是关于数字货币的一种狭义意义上的理解，其范围和内涵最小。因此，国际清算银行认为，基于账户、由央行发行的电子货币，即可广泛访问的央行账户也应是数字货币的重要内容。央行数字货币实际上包括上述三种类型，后文还将进一步详细分析论述。

从货币形态，尤其是从当前虚拟货币的角度看，数字货币之所以受到各界高度关注主要是因为以比特币等为代表的、可供广泛访问和获得，且由私人发行的加密货币兴起，影响到了央行法定电子货币的地位。因此，研究数字货币不应忽视比特币等数字加密货币存在的现实。从目前来看，这部分数字加密货币主要是私人针对大众发行，但未来不可避免地，会出现针对商业银行、电商平台等机构的批发式发行。

---

① 从字面上理解，digital token 或 digital token-based currency 应为数字令牌或数字代币，为了与一般代币区分和本书主要是从金融科技的角度讨论数字货币，这里统一翻译为数字加密货币，或简称数字货币。

综上分析，按照是否加密，数字货币可以分为基于账户的数字货币和基于加密指令的数字货币两种类型；按照发行主体，数字货币可以分为法定数字货币和私人数字货币，具体如下：

Ⅰ：央行数字货币：账户式，通用；
Ⅱ：央行数字货币：账户式，批发；
Ⅲ：央行数字货币：加密式，批发；
Ⅳ：私人数字货币：加密式，通用；
Ⅴ：私人数字货币：加密式，批发。

（三）数字货币的职能

货币的基本理论认为，价值尺度、流通手段、储藏手段和支付手段是货币的四大职能，也是分析考察一种商品能否作为货币使用的基本考量，数字货币亦是如此。对上述数字货币范围和类型的划分，央行法定数字货币，无论采用何种形式发行，因为有国家信用背书，都是数字货币的重要内容；存在较大争议的是私人发行的加密"虚拟货币"。包括中国人民银行在内的多国央行和金融体系，不认可比特币和以太币等虚拟货币，甚至是严厉监管和打击新兴虚拟货币的发行融资活动，因此这类虚拟货币通常也被称为数字代币。学界也有大量研究认为，比特币等虚拟货币仅仅是一串加密算法产生的数字，既不具有类似于黄金等相同的商品属性，无法体现劳动价值；也不具有法定的政府信用背书，且价格波动巨大，不适宜作为货币使用。

货币最初的功能是充当商品交换的媒介，这也是货币最基本的职能。为了达到作为商品交换媒介的目的，被当作货币的商品需要可以被量化使用，即作为价值尺度以便于衡量和表现其他商品价值的大小。因此，价值尺度、流通手段和支付手段是货币的重要职能。中国银行前行长李礼辉认为，货币的本质是"一种关于交换权的契约"，该交换权具有经济依托及其金融属性[1]。加密货币依托的基础是令牌，而令牌已在虚拟社区中成为价值标记和支付工具，并能与法定货币进行交易和兑换，因此具有金融工具属性。这里并不区分私人发行还是央行发行。反对比特币等私人发行虚拟加密货币的一个理由是，通常认为私人发行加密货币采用点对点支付。从交换机制来看，国际清算银行认为，数字货币既可以采用点对点的支付机制，也可以采用与传统物理形态货币相同、基于信任的集中式支付机制[2]。显然，技术上，第三方支付的出现已消

---

[1] 李礼辉：《数字货币重构货币体系?》，载任仲文编《数字货币领导干部读本》，人民日报出版社2019年版。

[2] Digital currencies, Nov. 23, 2015, https://www.bis.org/cpmi/pub/d137.htm.

除了用户和市场对央行和传统银行账户的路径依赖，私人发行虚拟加密货币和央行发行数字货币可以实现技术上的同质性。二者都可以满足价值尺度、流通手段和支付手段的基本要求。因此，一种特定私人发行的虚拟加密货币能否被作为流通手段和支付手段使用，除需要技术、安全、效率等评估外，更重要的是国家金融制度创新能否为其提供发展空间。

现代金融本质上已成为信息技术驱动的信息密集型服务业。如前文对货币形态演进的分析所述，金融电子化已成为现实，电子货币的出现、非现金交付占主导地位以及消费者对电子货币和电子金融业务的高接受度表明，包括货币在内的金融形态与50年前相比已发生了巨大变化。事实上，自货币从商品世界分离出来固定作为商品交换媒介开始，货币本身作为商品的价值与其作为支付手段的价值已经开始出现背离。货币早已脱离社会财富的价值对应物或表征物，成为纯粹的价值单位或价值符号[1]。因此，货币是一般商品等价物的观点，不应以其是否具有商品属性或能否体现劳动价值作为衡量标准。否则，按照该标准，纸币的商品使用功能微乎其微，因其体现的劳动价值与其反映的货币价值完全不对等，纸币也不应该成为货币。

---

[1] 王永利：《数字货币的核心特征》，载任仲文编《数字货币领导干部读本》，人民日报出版社2019年版。

现代货币的本质是信用，这一信用既应考虑国家作为政权机关的认可和背书，也应考虑市场和使用者的认可与接受度。央行发行或国家信用背书是一种货币能否成为信用货币的必要条件。事实上，早期信用货币也是由私人发行占主导，只是因为国家信用更高，才逐步取替了私人货币。当前一些国家外汇黑市的存在和一些强势货币在其他国家或边境地区的流行表明，法定货币虽然是信用货币，但只是成为市场和使用者心目中"事实货币"的充分非必要条件。因此，需要从货币的本质功能和技术发展趋势的角度，更加科学客观地看待新兴技术驱动的代币发展。对于私人发行的数字货币，不应一味否认或拒绝。

本书采用相对比较宽泛的视角分析数字货币，并非是认可比特币等虚拟货币可以替代现有货币，而是认为应从发展的角度客观看待虚拟货币未来的发展，分析不同类型数字货币之间的关系，更好地应对金融科技和数字货币发展的挑战。

（四）理解数字货币的几个维度

当前各国央行数字货币均处于被研究状态，市场流通的数字货币主要是比特币和USDT等私人发行的虚拟加密货币。因此，总体来看，数字货币仍然是在快速创新发展的新鲜事物，很难准确全面地刻画数字货币的特征，这里尝试从不同维度认识数字货币。

从技术角度看，数字货币的技术基础是新一代信息技术的集成应用。数字货币之前的金融电子化和电子货币构建于传统计算机、射频芯片和关系型数据库等传统信息技术，初期主要依赖银行专用网络。数字货币虽然属于广义电子货币，但推动数字货币发展的主要是布式账本、区块链、点对点网络和智能合约等新一代信息技术，交易支付等数据传输主要依赖公共互联网。

从形态来看，数字货币毫无疑问是数字化的。私人发行数字货币是"从无到有"的过程，这也是其被称为虚拟货币的重要原因。对于央行数字货币，杜金富[1]提出，央行发行数字货币主要是对通货和存款准备金等基础货币实现数字化，且需要保证不同形态之间可以互相转化。钟伟等[2]进一步分析指出，基于目前存款准备金、法人机构之间的清算已实现电子化和余额化，未来法定数字货币可能仅涉及通货数字化，即主要是推动电子货币和实物货币数字化。

从数字货币与其他货币形态的关系来看，根据央

---

[1] 杜金富：《数字货币发行利率与技术路径选择》，《中国金融》2018年第11期。

[2] 钟伟、魏伟、陈骁：《数字货币：金融科技与货币重构》，中信出版社2018年版。

行货币发行和控制职能，以及现金、电子货币与数字货币的关系，美联储和中国人民银行相关研究都持有电子货币和实物现金一体化的观点，钟伟等[①]提出，数字货币是推动主辅币消亡的余额化数字，并强调法定数字货币是支付工具的数字化，数字钱包比数字货币更加重要。数字货币将是货币史上的重大里程碑，但数字货币对现金、电子货币和存款准备金等的替代不会一蹴而就，不会像历史上从实物货币到金属货币，以及从金属货币到信用货币的演进一样彻底。

从资产角度看，众多对比特币等虚拟货币的研究认为，私人发行数字货币不是一种货币，其之所以具有价格，有投资者或投机者愿意高价购买，是因为其令牌（token）使其可以在不同用户之间进行转移或交换，令牌是附在虚拟货币上的重要数字资产。一些研究则认为，数字货币是货币，虚拟加密货币是数字资产，数字资产不同于数字货币，因而私人发行虚拟加密货币不应归为数字货币范畴。数字化技术条件下，无论是数字资产还是数字货币，都是以数字化符号表达特定价值载体。如果对私人发行虚拟加密货币或央行发行数字货币进行解构，二者都可以量化分割，都包括多层次解构，并在交易或交换过程中实现资产与

[①] 钟伟、魏伟、陈骁：《数字货币：金融科技与货币重构》，中信出版社2018年版。

价值的同步转移。因此，至少从用户或所有者的角度，数字货币与数字资产是一体化的。

从媒介角度看，货币是商品交换媒介，这只是就单纯商品交换而言。商品经济发展到一定阶段后，货币（资金）流与商品流不再是相同路径上的逆向流动，金融成为专业化经济活动，信用货币以国家信用背书，货币交换需要经过专业化金融机构（银行）和货币清算机构。因此，现代货币主要是信用货币，天然具有中心化特征，以便于货币发行者实施监管和影响。而包括比特币和Libra等在内，可以实现点对点直接交易，都具有显著的去中心化特征。因此，很多研究和媒体认为数字货币天然也是去中心化的。这显然是一个认识误区。如果各国央行发行数字货币，至少在可见的将来，数字货币不可能完全取代现金和现有电子货币，三者应该是共存互补的关系，央行不会也不应该以完全去中心化的数字货币替代现有货币体系，否则市场将会面临央行发行两套货币的选择困惑和难题。同时，考虑到外汇管理、金融监管和宏观经济调控等问题，尤其是涉及国家铸币权问题，坚持数字货币的中心化管理模式将是央行的优先选择和必要选择。针对私人发行数字货币，金融监管当局也不可能完全放之任之，将会在鼓励市场创新和强化集中监管之间平衡，以便于采用一种相对去中心化的管理模式。

从创新角度看，传统金融电子化和电子货币解决了携带不方便等问题，大幅度提高了交易和支付效率，并未引起金融体系根本性的变革。数字货币的出现，不仅仅是进一步改变支付方式，同时在微观上将为用户带来从身份认证到账户体系的根本性变革，中观上将影响银行业甚至是在线商业营运和商业模式，宏观上将对国家外汇管理、金融监管、货币政策和宏观经济调控等带来巨大挑战。因此，数字货币创新是由金融科技创新带动，形成从金融基础设施到金融制度创新的颠覆性创新。

（五）走向数字货币时代

无论是从货币形态还是从货币支付的角度看，货币电子化时代早已成为现实。尽管对比特币等私人发行的数字货币存在巨大争议，但比特币的出现无疑是吹皱了一池春水，尤其是目前不仅在互联网社区，在现实经济运行中，各种虚拟货币也或明或暗地在不同程度上被使用，直接宣告开启了数字货币时代的大幕。

当前以移动互联网、物联网、云计算、大数据、人工智能、区块链等新一代信息技术为核心，新一轮科技革命正在推动催生新一轮产业革命，数字化正在改变社会大生产和人类生活方式。世界经济开始向数字化转型，不仅数字化产业发展迅速，产业数字化的比重也在不断提升。有研究[①]估算，截至2017年，G20国家数字经济结构中产业数字化部分占比已高达84.7%，美中德日英五国产业数字化规模均超过1万亿美元，美国、德国和英国产业数字化规模占GDP比重均超过50%，而中国只有25.42%。《G20数字经济发展与合作倡议》指出，数字经济是指以使用数字化的知识和信息作为关键生产要素、以现代信息网络作为重要载体、以信息通信技术的有效使用作为效率提升和经济结构优化的重要推动力的一系列经济活动。在数字经济发展大趋势下，数字货币不仅本身是重要的数字经济活动，更重要的是，当资产数字化、商品和服务等经济活动价值计量的数字化都离不开数字货币时，数字货币还是未来重要的数字经济基础设施，是关键生产要素的重要组成部分。

与其他货币形态相比，数字货币不仅具有电子货币发行成本低、保存和支付便捷、交易成本低、相对更安全等特点，也具有现金拥有的分散性、可匿名和隐私性强等优势。因此，随着金融科技发展逐步改变

[①] 中国信息通信研究院：《G20国家数字经济发展研究报告（2018年）》，2018年12月，http://www.caict.ac.cn/kxyj/qwfb/bps/201812/t20181218_190857.htm。

支付模式和金融技术经济范式，数字货币将是未来全球货币和金融发展的大趋势，我们要抓住数字货币时代的机遇，顺应其发展趋势，积极应对其挑战。

三 区块链与数字货币技术路径选择

（一）数字货币与金融科技发展

近年来，新一代信息技术在金融领域的应用直接催生了金融科技的发展。尽管国内外、学界和业界都对金融科技存在不同理解[1]，但总体来看，大家都有一个共识，即货币交易支付结算是金融科技的重要领域。例如，巴塞尔银行监督委员会将金融科技分为四种类型，一是支付结算，如 PayPal 和支付宝等；二是 P2P 网络借贷、众筹等互联网存贷款和筹资平台；三是在线证券、保险等投资管理平台；四是大数据、云计算、数字认证等技术基础设施。英国贸易投资部委托知名咨询公司安永开展的一项研究显示，金融科技涉及的

---

[1] 彭绪庶：《更好把握金融科技的本质》，《经济日报》2018年6月28日第15版。

范围更广，但首要的也是在线支付和线下支付设备制造。以中国阿里巴巴和美国 ebay 为例，二者既是两国甚至世界有显著影响力的电商，各自旗下支付宝和 PayPal 又是两国最有影响力的在线支付工具。电商巨头不约而同地以其信息技术优势进入支付领域，再进入金融科技甚至是金融各领域。这一共同路径表明，新一代信息技术发展改变了支付方式，支付领域既是重要的金融科技应用，在某种意义上，正是支付领域的变革推动金融科技成为一个独立现象，并进而撬动形成了金融领域的新革命。

支付主要是货币的经济流向，支付方式的变化既是货币演进的重要体现，也是推动货币演进的重要驱动力。未来数字货币的发展不仅离不开金融科技，人工智能、大数据、云计算和区块链等具体金融科技的"硬"技术创新，以及具体技术路径的选择等，很可能将影响甚至是决定数字货币的逻辑架构、支付模式、服务手段、组织模式和运行效率等诸多方面。例如，据中国人民银行数字货币研究所前所长姚前介绍，中国人民银行数字货币将采用"用户＋移动终端＋基于云计算的可信服务管理模块"构建运行架构。数字货币是加密算法货币和应用智能货币，未来数字货币发行、流通和储藏等都需要运用加密技术和大数据技术等提供支撑。由于数字货币的发行和管理是一个复杂体系，其将影响的也是金融系统从基础设施到货币政策的广泛调整，因此金融科技在数字货币领域的应用实际上是一种集成创新，不是依靠某单一技术可以解决的。

由于目前除了私人发行的虚拟加密货币外，央行数字货币仅有零星文献介绍。围绕虚拟货币，各界讨论关注的重点主要在于数字货币相关的区块链技术。尤其是2019年10月24日，中共中央政治局就区块链技术进行第十八次集体学习后，区块链技术已经成为包括数字金融和数字经济发展在内的重要战略性技术。区块链技术对数字货币发展有何影响，未来数字货币是否离不开区块链技术，成为各界普遍关注的焦点。因此，本章重点集中在分析这些问题上。

（二）区块链技术原理和工作机制

1. 区块链的兴起

现有文献发现，早在20世纪80年代初，美国计算机科学家David Chaum发表了一系列论文，提出匿名网络支付系统和匿名性、不可追踪电子现金系统的设想，并开展了关于ecash和DigiCash的一系列探索。Chaum也因此被称为"数字货币之父"。

尽管如此，现在大家几乎认为区块链技术发源于

2008年11月中本聪发布的论文《比特币：一种点对点的电子现金系统》（Bitcoin: A Peer-to-Peer Electronic Cash System）。在该论文中，作者提出不同于传统基于信用的货币创造方式，而是用基于密码算法技术和点对点网络创造电子现金系统的设想。区块实际上是在分布式网络上永久记录数据的数据包，所有区块串联起来形成总账，区块链就是一个全体成员共享的分布式账本。2009年1月3日和1月9日，序号分别为0和1的两个区块先后产生并连接成链，区块链正式诞生。

2. 区块链关键技术和工作机制

区块链技术是生成区块链和区块链应用的系列技术的总称，它实际上包括密码学、数学和计算机科学等多学科，以及密码技术、时间戳技术、点对点网络和分布式存储技术等一系列技术与多种不同机制共同作用的集合。

（1）点对点传输和分布式网络。如图3-1所示，交易者和支付节点数量众多，支付节点承担网络系统中交易接受、确认和系统维护。所有交易信息在某个节点初步确认后需要对网络中全部节点进行广播，交易有效性确认权平等，因此所有节点都是平等的，即点对点（peer-to-peer，P2P）。参与者的竞争力仅仅由其计算能力等预先确定的协议（规则）体现。如果把这种点对点传输和分布式的合作和竞争机制与现在各国央行的集中支付清算模式进行比较就可以发现，在分布式网络中分散记账，每个点都保存完整账目，不需要依赖任何一个或几个节点，因此理论上网络中节点数目越多，系统可靠性也越高。区块链技术也因此被称为分布式数据存储技术。

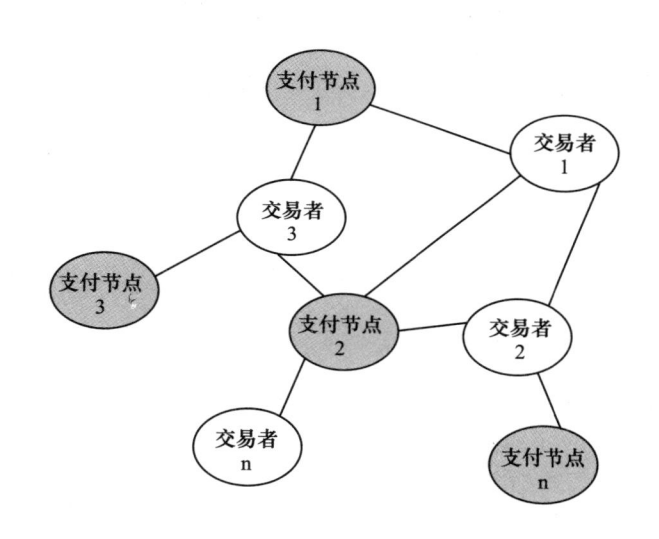

图 3-1　点对点传输和分布式网络

资料来源：谢平、石午光：《数字货币新论》，中国人民大学出版社 2019 年版。

（2）非对称加密技术。对称加密是指在加密和解密过程中使用相同的钥匙。区块链系统中，为了保证区块交易、存储和记录等信息的真实性、有效性和安全性，采用非对称加密技术进行实现。所谓的非对称是指在加密和解密两个过程中都使用非对称的密码，包括公钥和私钥。公钥用于加密过程，全网公开，任何用户都可以用公钥验证签名，验证消息真伪、有效性和是否被篡改；私钥由用户自己保存并用于解密，不需要在账本里实名注册，既能避免对称加密中双方要使用相同密钥带来的安全性问题，也可以达到匿名交易的目的。

（3）时间戳技术。区块信息和交易记录加盖时间戳，唯一标识具体创建和交易等时刻的时间，以证实其真实性。同时，时间戳本身也是一段完整的、可验证的数据，并作为区块信息的一部分广播给系统中所有节点，形成一个分布式时间戳服务系统。此外，相邻两个区块之间成链时，后续时间戳会进一步增强前一个时间戳。时间戳成为交易记录的重要特征，经过有效性验证的交易记录不可修改，从而保证区块数据和交易记录的完整性。

（4）智能合约。智能合约（Smart Contract）是区块链技术发展过程中形成的新技术，也有研究认为是独立但后来被集成到区块链中的一种技术。简单地理解，所谓的智能合约实际上是指以数字化形式定义合约方在满足某种条件后可以自动执行的协议。早期区块链中，交易请求、记录更新、增加和数据验证都需要向全体节点广播验证。在智能合约技术条件下，区块链系统中预先写入约定双方义务的计算机代码，系统可以在满足条件时自动执行交易或验证动作等。智能合约技术的应用被认为代表着一种自动化流程的加入，既提高了交易准确性和效率，又可以降低成本，避免第三方干预，保障了区块链系统的独立性。

（5）验证和共识机制。交易发生后需要向网络提交交易信息，信息经加密后形成一个命名区块数据包，发送给网络中全体参与者（节点），由全体参与者进行区块信息真实性和有效性验证。所谓的共识机制是指在一个区块链系统中，预先确定信息校验、记录和冲突解决规则，即共识算法，如比特币的工作量证明（Proof-of-Work，PoW），改进的区块权益证明（Proof-of-Stack，PoS）、容量证明（Proof-of-Capacity，PoC）等。在校验时，根据预先约定的规则，只有至少51%以上的参与者验证认可时，即形成多方共识，该新区块才能加入全部分布式账户，并与已存档的区块连接形成新的区块链，根据共识算法相应节点获得该区块的记账权。

（三）区块链的技术特征和优越性

根据区块链技术和工作机制可以看出，区块链受到广泛追捧，是因为它具有如下典型特征和优点：

（1）相对去中心化和自组织特征。区块链的本质是分布式存储数据库，节点之间对等完成区块数据验证，按共识机制决定区块有效性和真实性，区块数据存储、记录和更新基于分布式网络结构，不依赖于任何一个或若干节点，与传统的中心数据库记录、存储数据完全相反。去中心化被认为是区块链技术的最大特征，也是区块链的核心价值。有研究也因区块链系统这种不需要第三方管理机构或硬件设施的特性而将其称为去中心化自组织。

区块链从公有链到私有链的发展表明，区块链的去中心化是有一定条件的，实际上是相对去中心化，有研究将其称为弱中心化。也有研究认为，中本聪最初提出点对点交易电子支付系统的目的是不依赖传统信用机制，避免第三方信用中介参与支付过程，因此区块链最重要的特征是去中介化，而非去中心化。

（2）信息不可篡改性。区块链系统中，综合运用非对称加密技术和全体节点验证数据，分布式共识算法增加和更新数据，分布式网络存储记录以及时间戳技术标记数据变动，以此保证记录不被随意篡改。例如，根据时间戳技术以及"区块+链"的账本设计规则，如果任意改动一个区块，其后续区块也必须修改，以此类推，按时间戳串联的所有区块都必须做出相应修改。这在系统里不仅难以做到不被发现，也需要巨大成本，从而保证了区块链系统的稳定和安全。有研究认为，根据共识机制，只要不掌控全部节点的51%，就难以随意更改数据和控制区块链系统，有效保障了区块链系统和数据安全。

（3）记录可追溯性。区块链的信息不可篡改性意味着区块链中任何记录的增加和更新都会留下记录，这也意味着区块链的数据结构保存了从第一个区块（创世区块）开始的所有历史数据，不仅可以查询任何一条数据，也可以通过链式结构追溯任意一条数据的源头。

（4）公开性和相对开放性。新增或更新区块记录信息向全体节点广播，写入区块内容时，需要将信息复制到全体节点进行备份，以确保所有节点拥有相同且完整和公开的信息记录。除交易双方私有信息被加密和具有密钥外，所有区块数据可公开查询，系统整体保持高度透明。在公有链中，任何节点都可以申请将交易增加到区块链中。

（5）匿名性和隐私保护。中本聪最初提出电子现金系统时，考虑的就是借鉴现金交易具有的匿名特征，因此匿名性也被认为是区块链的一个核心原则和主要技术特征。因为具有匿名性，能很好地保护交易双方的隐私，这甚至也被认为是区块链技术优越性的重要体现。区块链中非对称加密设计保证只有私钥才能解密，节点身份信息不需要公开或验证。再加上零钱地址机制和环签名机制等,可以最大限度地确保交易双方均匿名进行。

(四) 区块链的技术经济约束

区块链技术的优越性显而易见,这也是比特币等众多私人数字货币选择区块链技术并获得追捧的重要原因。但这是否意味着未来数字货币,尤其是央行数字货币可以选用区块链技术?如果选用区块链技术,应该注意哪些问题,或者说应该如何更好地利用?如果不选用区块链技术,能从区块链技术中借鉴哪些技术特性?

综合不同研究[①],如果数字货币运用区块链技术,该技术先天具有的经济缺陷和一些技术约束可能不得不考虑,这是目前制约区块链技术应用的主要因素。

一是区块链技术的效率"缺陷"。有研究认为区块链技术存在"不可能三角"悖论[②],即高效率、去中心化和安全三者中只能选其二。去中心化被认为是区

[①] Bank for International Settlements, *BIS Annual Economic Report 2017/2018*, 2018, https://www.bis.org/publ/arpdf/ar2018e.htm；兰修文、胡景秀:《区块链密码算法及其安全问题研究》,2019年1月,https://www.bitesky.com/block/92.html。

[②] 也有研究认为是共识算法面临的"三难问题"(Trilemma),即安全性(Secure)、可扩展性(Scalability)与去中心化(Decentralization)三者不可兼得。

块链最重要的特征和最大优势,分布式存储和非对称加密也可以很好地保障其安全性。由于信息需要全网广播和各个节点验证,因此效率成为区块链技术的最大缺陷。以比特币交易为例,交易结算平均至少需要10—60分钟才能确认,有时甚至需要超过1天时间。2017年12月,因网络拥堵,曾有高达17万笔交易未能及时确认。未来随着更多比特币被挖出来,比特币区块链数量和总账本规模都在增加,交易验证时间将因账本规模增加而变长。如表3-1所示,国际清算银行等对现有银行卡、在线支付和几种主要私人发行数字货币交易效率的比较可以看出,2017年,私人发行数字货币中,比特币交易效率最高,但只有3.3次/秒。相比之下,在线支付PayPal的交易效率为246次/秒,是比特币交易效率的73倍,银行卡的交易效率更高。显然,如果应用类似区块链技术的数字货币被广泛使用,其效率不仅无法满足即时和及时支付的需要,更无法满足现代金融活动大规模和高频次使用的需要。

表3-1 银行卡支付、在线支付和主要私人数字货币交易效率比较

支付方式	交易效率(次/秒)
VISA	3526
万事达	2061
PayPal	246
比特币	3.30

续表

支付方式	交易效率（次/秒）
以太币	3.18
莱特币	0.26

资料来源：Bank for International Settlements（2018），*BIS Annual Economic Report 2017/2018*，https：//www.bis.org/publ/arpdf/ar2018e.htm。

二是区块链技术应用成本高。区块链的分布式网络看起来很美，但去中心化的"理想很丰满"，应用的"现实很骨感"，除支付交易效率低外，由于信息记录需要复制到各个节点以更新数据和保持数据同步，导致区块链容量每年都在不断增长，因此对区块链节点的存储容量有较高要求。如图3-2所示，国际清算银行估计2018年比特币区块链容量大小大约为170GB，每年大约增长50GB。如果美国、中国或欧盟任何一种货币按现有比特币方式处理零售支付交易，即使不考虑效率，几天内账本规模将超过智能手机存储容量，几个月内就将超过一般服务器的存储容量。国际清算银行等研究估算发现，假设从2018年7月1日开始，中国、美国和欧元区非现金零售交易通过加密货币处理，到2020年年末，美国、中国和欧元区非现金交易数据存储容量将分别增长到超过110000GB、80000GB和45000GB。显然，即使不考虑数据交易规模增长导致的支付交易费用增加和支付交易效率降低，不仅智能手机的发展跟不上数据增长速度,也很少有节点用户能支撑如此数量级存储,现有互联网设计更无法提供足够容量支撑。

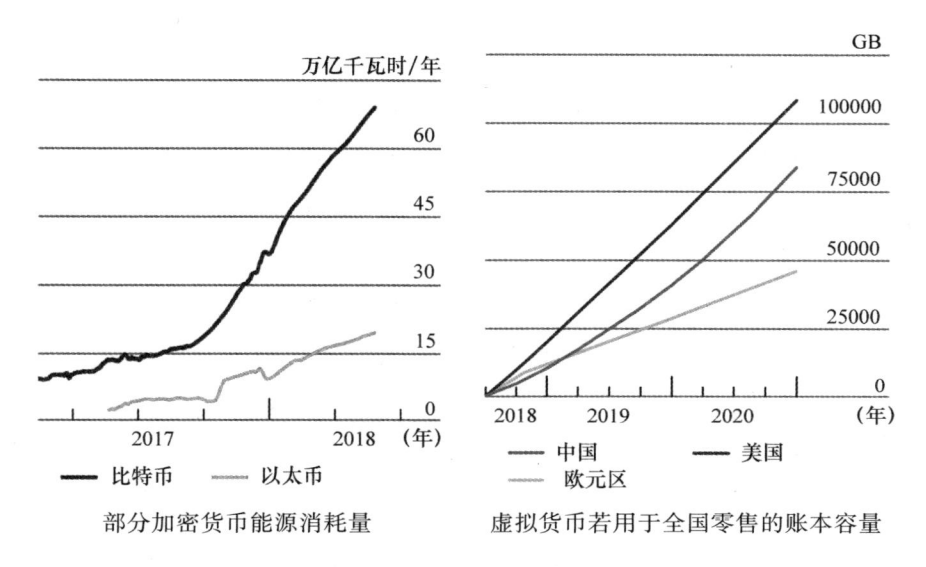

图3-2 使用区块链技术的加密货币容量和能源消耗估算

资料来源:Bank for International Settlements (2018), *BIS Annual Economic Report 2017/2018*, https://www.bis.org/publ/arpdf/ar2018e.htm。

此外,由于现行私人发行数字货币实际上是一种基于算法的加密货币,货币需要通过"挖矿"产生,而这需要耗费巨大的能源。BIS等研究估算,每年全球比特币挖矿消耗的总电量约相当于瑞士全国年总耗电量。

三是区块链技术的安全性。电子商务与电子支付国家工程实验室研究认为,区块链技术无论是在系统层面还是在应用层面,都存在一定的安全风险问题。在系统安全方面,底层代码、密码算法和共识机制等都可能成为影响安全的风险因素。例如，区块链底层代码开源，存在系统漏洞布局容易被攻击，且因为区块链的不可篡改性导致漏洞修补极为困难。2018年8月，BitCoin ABC因类似恶意交易导致其出现硬分叉。由于专业挖矿芯片公司和大矿池的产生，计算资源更加不均衡，理论上控制超过51%的算力而引发51%的攻击的现实可能性在上升。甚至有研究发现，即使不能控制超过51%的计算资源，但只要掌握超过1/3算力，仍然可以发起自私挖矿（selfish mining）攻击，获取不对等收益，或者是通过对区块链部分网络完全隔离的分区攻击方式实施51%的攻击。在应用层面，尤其需要着重考虑智能合约、数字钱包和隐私保护等安全风险，比特币和以太币等私人发行数字货币均发生了类似事件。例如，2016年，以太币众筹项目The Dao因智能合约中调用行为设计漏洞被恶意攻击，导致黑客盗取价值6000万美元的约360万个以太币，并导致以太坊分成以太坊（Ethereum，ETH）和以太坊经典（Ethereum Classic，ETC）两个叉。

（五）区块链技术创新与数字货币技术中性

1. 区块链技术创新

任何一项技术都是在不断创新发展的，区块链亦是如此，尤其是针对区块链应用中的技术经济约束，与中本聪最初提出的区块链技术相比，当前区块链技术已发生了较大变化，区块链技术在不断演进和不断完善。

最初的标准区块链是一种公有链（Public Blockchain），任何节点都可以自由加入或退出区块链网络，节点数量多且动态变化大，遵循全体节点间的共识机制实现验证和记录。比特币是典型代表性应用。因为公有链几乎没有准入门槛，区块链的效率问题很大程度上与此相关。因此，从节点准入方式和链设计应用场景的角度，区块链逐渐发展出新的联盟链（Consortium Blockchain）和私有链（Private Blockchain）。联盟链由代表不同个人或机构的组织（企业）等实体加入组成，每个节点通常代表一个组织（企业），因此也被称为联合（区块）链或行业（区块）链。加入联盟链需要满足授权要求，各方共同参与和维护节点网络。由于每个节点代表不同实体，节点数量相对较少，节点网络相对固定。IBM 公司开发的 Fabric 是联盟链的典型代表性应用。私有链则是某一组织、企业等实体内部控制的区块链，节点准入和退出均需通过内部审批。因此，节点数量少，节点网络相对固定。区块链公司 R3 开发的 Corda 是私有链的典型代表性应用。与公有链相比，由于联盟链和私有链需要满足预定的授权，具有较强可控性，效率可以得到大幅度提升。例如，私有链类似于一个有中心的分布式账本，验证节点无须采用公有链中的广播式普遍验证，因为只有受信任的节点才能参与账本管理，因此只需要简单检查验证，也不需要挖矿过程消耗大量能源和计算资源，系统安全性和使用经济性可以得到极大提升。

除了区块链类型的创新外，区块链技术整体也在不断发展。从区块链技术演进来看，业界通常将区块链技术演进过程分为3代，即区块链1.0、区块链2.0和区块链3.0。中本聪提出的以比特币为典型代表的是区块链1.0，通常也被称为标准区块链技术。与区块链1.0相比，区块链2.0增加了智能合约技术，通过增加脚本在节点自动运行程序执行验证等动作，以提高交易效率。2018年，国内一批企业和研究机构联合发布《区块链3.0共识蓝皮书》，明确提出区块链3.0要以高速并行的分布式智能网络计算技术为基础。不同于区块链1.0和区块链2.0分别基于程序算法和基于智能合约，区块链3.0将是基于实物资产映射和基于"数字权益账本"的技术集合。从区块链1.0到区块链2.0再到未来区块链3.0，陆续完善并加入新的开发语言、新的区块分类、新的工作量证明机制和新的共识验证机制等，不仅区块链技术应用领域更加广阔，区块链技术应用的高并发和大容量能力、智能化和自动化水平等也不断提升。

2. 区块链技术的悖论和局限性

虽然区块链技术在不断创新演进和不断完善，但从区块链的技术特征和目前进展来看，至少在采用公有链的区块链技术中，存在两大悖论和一个矛盾将严重制约其在金融领域的应用。

一是平等与效率关系的悖论。区块链技术通过分布式网络和共识机制实现去中心化，实际上追求的是全体参与者的平等，并以这种平等性满足参与者的"信任"。由于现代货币必须首先是信用货币，这也是区块链技术应用于数字货币的基础理论逻辑。但在标准区块链技术中，去中心化很大程度上正是因为参与节点的平等、不受限参与，才导致或加剧采用区块链技术的比特币交易验证效率低下。联盟链和私有链对节点参与采取不同程度限制，或者同时采用不同共识验证机制，虽然是相对去中心化，但验证和交易效率显然得到了极大改善。应用区块链技术必须处理好去中心化追求的平等与技术应用效率之间关系的悖论。

二是网络灵活性与网络可扩展性的悖论。在公有链技术中，任何参与者都可以自由申请加入区块链网络，这是区块链自由和去中心化的重要前提。网络自由加入意味着区块链网络具有高度灵活性。但自由加入导致节点数量多、验证交易时间长、交易效率低，严重制约了网络可扩展性。

三是隐私保护与应用监管的矛盾。匿名性和隐私保护被认为是区块链技术与去中心化并列的一大特征。以比特币为例，其支付交易效率低、交易时间长，远超过一般货币支付的交易时间，用户之所以甘愿等待，并非因为其去中心化特征和平等参与，主要是因为其对交易身份、地址和交易数据等信息进行保护，可以严格实现交易双方的匿名。但从货币或金融监管当局来看，过度保护用户隐私，实现匿名交易，存在用于洗钱的巨大风险，与很多国家的反洗钱规则和了解您的客户（KYC）规则难以兼容，是对现有货币和金融监管的严重挑战。

3. 数字货币的技术中性与借鉴区块链技术的思想

由于区块链技术存在诸多技术经济约束和应用局限，显然目前至少在标准区块链技术的层面，难以适应现代国家货币的数字化转型。国际清算银行认为，从比特币和以太币等虚拟货币来看，区块链网络的可扩展性、运行效率、成本以及虚拟货币价格的高波动性，无法满足国家货币大规模、高频次、高效率交易的要求。

但这并非意味着未来数字货币不采用区块链技术，或与区块链技术无关。相反，本书认为区块链技术对数字货币的发展至关重要。由于区块链技术本身也在不断创新演进，数字货币技术中性是指未来数字货币不限定技术路线，也包括不应限定是否采用区块链技术，但可以吸收借鉴区块链技术的思想和技术特性，提升用户参与度。例如，采用联盟链实现有限度的用户平等参与。又如，中国人民银行数字货币设计中的账户可控匿名[1]，既实现以用户为中心的管理和前台隐私保护要求，也满足一定条件下的可追溯和监管要求。在国际清算银行看来，区块链技术虽有优点，但其仅仅是分布式账本技术的一种。因此，在国内讨论较多的是区块链技术，国外金融业讨论更多的则是分布式账本技术[2]。从国际金融组织和部分国家央行对分布式账本技术在数字货币中应用的研究和讨论可以看出，其在很大程度上借鉴了区块链技术的思想。

---

[1] 姚前、陈华：《数字货币经纪分析》，中国金融出版社2018年版。

[2] 关于区块链技术与分布式账本二者之间的关系，国内外都有很多讨论（姚前，2018）。综合不同研究来看，区块链本质上是一种分布式账本，但分布式账本技术需要依赖区块链的共识原则，区块链技术可以作为数字货币甚至是分布式账本技术的底层技术，二者之间的联系和共同点远多于差异。为了与习惯保持一致，本章主要讨论区块链技术的应用问题。

什么是分布式账本技术？

分布式账本技术（DLT）是指协议和支持基础设施允许网络中不同位置的计算机以同步方式提议和验证交易以及更新记录。

在传统的分布式数据库中，通常是由系统管理员执行关键功能，例如，维护分类账的主副本、更新副本并供所有网络参与者共享，以确保分类账的不同副本能保持一致性。新的分布式账本技术则设计为在没有可信授权的情况下运行。例如，比特币使用基于共识的验证程序和加密签名，分散式维护分布式数据库，点对点交易，并广播给所有参与者，参与者再分成"区块"进行验证。

分布式账本技术并非没有缺点：运营成本高昂［在不使用可信授权的情况下防止双重支出需要交易验证者（矿工）采用大量计算完成"工作量证明"计算的支出］；只有结算的概率结果，且所有交易都是公开的。这些功能不适用于许多金融市场应用程序。因此，当前的批发 DLT 支付应用程序已放弃了标准的区块链技术，而采用了协议来修改共识过程，以实现更高的机密性和可扩展性。中央银行目前正在测试的协议示例包括 Corda 和 Hyperledger Fabric。Corda 用"公证"架构代替了区块链。公证设计利用受信任的权威，并允许在有限的信息共享下，基于单个交易而不是成块来达成共识。

资料来源：Bech M., Garratt R., Central Bank Cryptocurrencies, BIS Quarterly Review, September, 2017, https://www.bis.org/publ/qtrpdf/r_qt1709f.pdf。

区块链催生了比特币，比特币伴随区块链而产生。因此，投机炒作虚拟货币常见的一个逻辑是，将区块链与虚拟货币、加密货币和数字货币画等号，或认为虚拟货币、数字货币就是区块链。这显然是错误的，本书明确提出数字货币的技术中性也是要强调这一点。从区块链技术的发展和应用来看，作为新一代信息技术的典型代表，区块链已广泛应用于金融、物流、公共服务和社会管理等诸多领域。在金融领域的应用，区块链也仅仅是一种底层技术。未来数字货币从发行到应用将是一个丰富的产业生态，如果应用区块链技术，必将是区块链技术与人工智能、云计算、大数据等多种新一代信息技术的融合。

四 私人数字货币的演进与影响

(一) 私人数字货币的诞生和发展概况

1. 私人数字货币的诞生

对大多数人而言，私人发行数字货币，即虚拟货币或加密货币是最早听说或了解、参与的数字货币，其由网民个人、互联网组织（含虚拟组织）、企业或社会组织发行，是相对于主权数字货币或法定数字货币而言。私人发行的数字货币没有获得某个国家（地区）背书或其央行背书发行，但正是因为私人发行数字货币的大行其道，引起了媒体和学术界的广泛关注，推动了央行法定数字货币的研究与探索。因此，数字货币发行是一个典型的"由下至上"式的创新。最初这也许是某个人出于兴趣，或者是担心泄露个人隐私而不愿意在信用卡在线支付时提供个人信息，抑或对现有电子支付的安全风险存在顾虑，总之当20世纪90年代互联网诞生并向社会开放后,众多先行者便开始了以现金为基础,以互联网为环境的新型支付方式探索。VISA、Master 联合互联网新贵 Netscape 和老牌 IT 企业 IBM、微软等参与开发的集合架构 SET,以及应用 SET 的 CyberCash 等都是那个时期的"烈士"。当然,在这一过程中,对等(P2P)文件共享网络、MojoNation 学术文献交换服务项目、比特流(BitTorrent)和开源分布式文件储存系统(Tahoe-LAFS)等技术的发展也为后来电子现金系统的出现和发展提供了重要启示[①]。

在中外历史上,私人发行货币并不陌生,包括纸币在内,多数货币领域的创新都是由私人先开始的,现代意义上的数字货币亦是如此。实际上,数字货币是在先行者探索的基础上,由中本聪关于电子现金系统的论文催生出比特币,从而开启了数字货币的新纪元。比特币的出现也被认为是数字货币诞生的标志,是人类货币史上的一个重要里程碑。

2. 私人数字货币发展概貌

尽管时至今日各国对包括比特币在内的虚拟货币采取不同态度,但虚拟货币遍地开花已经是不争的事

[①] Narayanan, A., Bonneau, J., Felten, E., Miller, A. and Goldfeder, S., *Bitcoin and Cryptocurrency Technologies: A Comprehensive Introduction*, Princeton University Press, 2016.

实。例如，根据 coinmarketcap.com 统计，截至 2020 年 2 月 12 日 21：30（北京时间），共有加密货币 5109 种，总市值约为 3016 亿美元，其中比特币总市值约为 1885 亿美元，占比为 62.5%。表 4-1 展示了流通市值前 10 位加密货币的市值、单价和流通量。另据 2017 年 9 月创立于中国的币世界（Coiness）交易统计，截至 2020 年 2 月 13 日 12：30（北京时间），全球共有 6180 个币种，其中 4759 个币种被纳入交易监测，总市值约为 14932 亿美元，其中比特币市值约为 1901 亿美元，占比约为 12.7%。全球 554 个交易所中，CoinTiger 是最大交易所，24 小时成交额高达 19974.66 亿美元，

表 4-1　　流通市值前 10 位加密货币一览

序号	名称	缩写（代码）	流通量（个）	单价（$）	总市值（$）
1	比特币	Bitcoin BTC	18213362	10346.89	188451582156
2	以太币	Ethereum ETH	109668985	254.93	27957811760
3	瑞波币	XRP XRP	43708646822	0.30	13061952247
4	比特现金	Bitcoin Cash BCH	18274613	472.34	8631895331
5	比特币 SV	Bitcoin SV BSV	18271827	368.61	6735148085
6	莱特币	Litecoin LTC	64064884	79.53	5094759989
7	柚子	EOS EOS	952707230	5.34	5089926771
8	泰达币	Tether USDT	462367414	1.00	4648820037
9	币安币	Binance Coin BNB	155536713	25.56	3975014399
10	特所思	Tezos XTZ	694191974	3.26	2263709444

注：数据随时变动，截止时间为 2020 年 2 月 12 日 21：30（北京时间）。
资料来源：https://www.coinmarketcap.com/。

其他交易所 24 小时交易额均不足 50 亿美元。

2018 年 12 月，CoinMarketCap 与德国 Solactive 合作，选取市值最大的 200 种数字货币，编制了 Crypto200 指数，以跟踪数字货币市场交易动态变化。该指数基期设定为 2018 年 12 月 31 日，基准值为 100。在此之前，彭博公司与对冲基金银河数字管理公司联合，选择比特币、以太币、瑞波币等 10 种加密货币，推出了首个加密货币基准指数彭博银河加密货币指数[①]（Bloomberg Galaxy Crypto Index，BGCI），其中比特币和以太币权重占比分别为 30%。目前以太币已成为彭博终端收录的第一个加密货币。这些都为投资者投资私人发行数字货币提供了比较重要的投资机会指引。

有大量私人数字货币得到发行，但与此同时也有大量私人数字货币失败并最终死去。截至 2020 年 2 月 14 日，据 Coinopsy 记录死去的私人数字货币项目达 1448 个，而据 Deadcoins 记录死去的私人数字货币项目则高达 1867 个[②]。统计还发现，近一年来死去的私

[①] Erin Hobey, Bloomberg & Galaxy Digital Capital Management Introduce Bloomberg Galaxy Crypto Index, May 10, 2018, https://www.crowdfundinsider.com/2018/05/133282-bloomberg-galaxy-digital-capital-management-introduce-bloomberg-galaxy-crypto-index/.

[②] 分别参见 https://deadcoins.com/和 https://www.coinopsy.com/dead-coins/。二者对死去私人数字货币项目的定义或标准类似，如连续 3 个月市值低于 1000 美元，网站死去或无更新记录，没有节点或其他类似问题，如被开发者放弃、被交易所遗弃等。

人数字货币项目明显增多。例如，搜狐网 2018 年 12 月底报道，Coinpsy 记录的死亡币为 483 个，DeadCoins 统计认定的死亡币为 934 个①。显然，随着大量私人发行数字货币进入市场，其风险亦在水涨船高。

3. 各国对私人数字货币监管态度

彭博新闻社曾对亚洲、欧洲、美洲、中东及非洲的 22 个国家和地区进行过关于加密货币交易的调查，发现各国对于私人发行数字货币监管的看法并不一致，甚至是相当矛盾。总体而言，各国或各地对私人发行数字货币的监管大致有三种态度。第一种是严格禁止，严厉打击。中国和印度尼西亚等部分国家是典型，认为私人发行数字货币是代币，属于违法行为，法律上不认可其作为货币或者是作为支付交易媒介使用。例如，中国等国家的央行明确指出，比特币是一种特定虚拟商品，不具有法偿性与强制等代币特性，不能也不应作为代币在市场上流通使用②，虚拟货币发行是非法公开融资行为，同时禁止金融机构和非银行支付机构为虚拟货币提供账户开立、登记、交易、清算、结

---

① 《已"死亡"的加密货币高达 934 个，"墓碑"正在不断增加》，2018 年 12 月 31 日，搜狐网，https://www.sohu.com/a/285804122_506163。

② 中国人民银行等：《关于防范比特币风险的通知》（银发〔2013〕289 号），http://www.gov.cn/gzdt/2013-12/05/content_2542751.htm。

算等产品或服务[①]。第二种是监管相对宽松，允许加密货币兑换为法定货币，允许加密货币作为支付方式使用，仅对相关交易活动实施少量限制。例如，日本、英国、德国和中国香港都是典型例子。日本承认比特币为合法支付方式，仅对加密货币交易所设置有监管。中国香港仅警告不得将加密货币用作证券交易活动，但并不限制其用于其他一般交易活动。德国和英国也均将其作为灰色地带进行研究观察，仅警示加密货币投资活动。第三种则是监管总体宽松，且鼓励创新，但同时尝试立法进行规范，美国和加拿大是典型例子。美国虽然尚不认可私人发行数字货币的货币地位，但认可其合理性。美国将虚拟货币看作一种合法金融衍生工具。美国的一些州和加拿大都批准了一批政府许可的私人发行数字货币项目。即便对未经政府批准许可的比特币等，政府亦认可其数字资产地位。例如，美国司法部曾多次拍卖没收比特币。最新的一次是美国联邦执法局（USMS）在 2020 年 2 月 18 日拍卖其在各种联邦刑事、民事和行政诉讼中查获或者没收的 4040 个比特币。此前，韩国、英国和爱尔兰也均举办了类似的拍卖活动。加拿大则将加密货币首次发行

[①] 中国人民银行、中央网信办、工业和信息化部、工商总局、银监会、证监会、保监会：《关于防范代币发行融资风险的公告》，2017 年 9 月 4 日，https://m.cebnet.com.cn/20170905/102423172.html。

（ICO）视为证券交易进行监管，加密货币相关股票和基金可在加拿大证券交易所上市。

由发行和在现实中的交易应用可以看出，私人数字货币已发展成为数字货币领域不可忽视的一股力量。现在断定比特币等私人发行数字货币将成为未来数字经济时代的重要货币类型固然为时尚早，但一概笼统地禁止或反对私人数字货币发行或应用亦是过分武断。事实上，从比特币诞生至今，在技术驱动下，私人发行数字货币也在不断创新，当前更需要的是总结私人数字货币的演化特点，科学分析私人数字货币的创新规律和发展趋势，采取科学的应对措施。

（二）第一代私人数字货币

1. 第一代数字货币的典型代表

（1）比特币的创新。关于中本聪设计电子现金系统和比特币诞生的故事几乎已路人皆知。比特币开创了数字货币的新纪元，当之无愧成为第一代私人发行数字货币的典型代表。从上述对私人发行数字货币概况的介绍可以看出，在当今数字货币市场上，比特币具有毋庸置疑的地位和影响力。

比特币的产生颠覆了人们对传统货币的认识。不同于传统货币的简单量化，比特币本质上是一个可互相验证的公开记账系统，其核心则是关于"未花费的交易输出"（Unspent Transaction Output，UTXO）设计，比特币甚至可以被认为是区块链账本上的交易输出。在比特币系统中，传统货币金融系统中的账户被地址代替。一个钱包地址对应一个随机生成、不可更改、由 32 个字节组成的私钥。比特币交易或者比特币价值转移就是在两个不同地址间创建和消耗 UTXO。交易时，一方从其钱包地址中利用其私钥签名创建交易输入 UTXO（相当于支出比特币），并需签名确认其为该 UTXO 合法使用者，转到另一方的钱包地址指定其为未来对本交易的合法使用者，另一方获得交易输出 UTXO（相当于收入比特币），且只有利用其私钥才能唯一再打开创建新的交易输入。比特币交易是一个含有收入值和输出值的数据结构，UTXO 也成为可识别为不同数量比特币的价值单位。最小交易单位是 1 聪，即 1×10^{-9} BTC。因此，比特币系统的分布式账本记录的实际上也就是众多的 UTXO。这也是比特币账本被称为状态转换系统的原因。

不同于传统货币由集中式的央行或主权认可的少数几家银行根据一定经济规则发行，也不同于信用货币体系下由央行和央行许可的商业银行通过资产扩张的方式创造广义货币，比特币完全是一种独特创造的发行机制。比特币发明人中本聪初始设定比特币数量为2100万个。比特币没有由具有决策权的集中式机构发行，而是完全由计算机求解哈希（Hash）函数所产生。计算求解过程即俗称的"挖矿"，哈希函数的摘要难度值可调整。系统设定平均每10分钟产生1个区块，挖矿难度为每产生2016个区块（大约两周）动态调整一次，以决定产生一个合法区块所需的运算次数。如图4-1所示，比特币挖矿难度总体呈不断增加趋势。系统根据挖矿投入的计算力资源（工作量）获得所产生相应区块的记账权，因此本质上是一种去中心化的算力竞争实现自动发行。从创始区块开始，每个区块的记账权包括50个比特币，然后每4年减半，直至2140年前后挖出全部比特币。

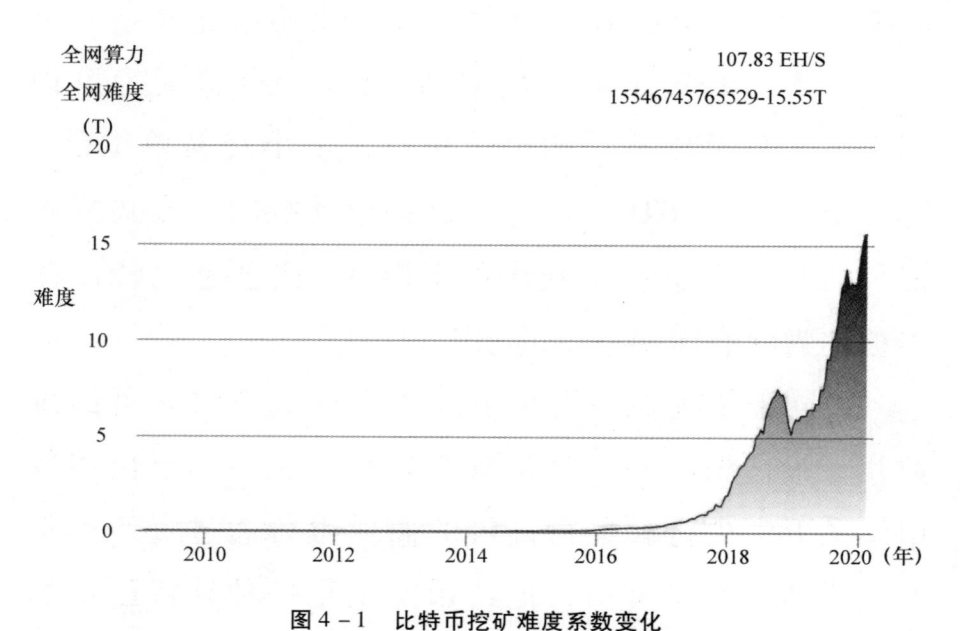

图4-1 比特币挖矿难度系数变化

资料来源：http://www.blockchina.com。

截至 2020 年 2 月初，比特币地址数达 2905 万个，其中约 154183 个地址持有至少 10 个以上比特币①。据币世界研究院统计②，因近期比特币价格大涨，带动持币地址数快速增加。2020 年 2 月 11 日，持币地址数增加到 33662665 个。据 Blockchain.com 统计，截至 2020 年 2 月 15 日 14：00（北京时间），比特币区块高度已经达 617450，表明大多数比特币已经被挖出。

（2）以太币创新。在比特币的影响和示范作用下，市场上很快涌现一大批各种加密货币。目前市场上私人发行数字货币绝大多数均属于第一代，比较有影响且在技术创新上具有一定代表性的主要是以太坊。严格来说，以太坊（Ethereum）是受比特币启发开发的一个新一代加密货币与去中心化应用平台（Dapps），也是一个代码开源的公共区块链平台，以太坊币或以太币（Ether）则是运行其上的一个去中心化的私人发行数字货币项目，习惯上也被称为以太坊。

比特币成就了区块链，或者说比特币是以区块链为底层技术。比特币和区块链技术产生后，人们很快发现其有很多不足，其中比较重要的一个不足就是比特币协议缺乏扩展性，难以实现更加复杂和个性化的

---

① 吴说区块链：《比特币地址数接近 3000 万但增长缓慢，牛市真的来了吗?》，2020 年 2 月 12 日，https：//www.huiyep.com/data/166826.html。

② https：//www.bishijie.com/shendu/80414.html。

应用，以太坊在此背景下应运而生。

与比特币相比，以太币有很多改进，二者也有很多区别。例如，在创造发行机制方面，以太币没有发行总量限制，挖矿成本更低；比特币挖矿是基于工作量证明（Proof of Work，PoW），而以太币则是基于权益证明（Proof of Stake，PoS），二者采用不同的共识机制和共识算法[①]。在应用上，基于以太坊开发去中心化应用简单灵活，以太币应用生态更加丰富；在运行效率上，以太币效率更高，占用网络资源更少。但以太币最主要的技术创新是智能合约技术的集成应用，当用户在向合约地址发送交易信息时，智能合约虚拟机自动激活并执行合约，这使以太坊的灵活性和执行效率得以大大提升。因此，比特币的区块链技术被称为区块链1.0，而以太币的区块链技术则被称为区块链2.0。

2. 第一代数字货币的局限性

第一代数字货币是开创性的，其去中心化思想、分布式网络架构和发行交易机制等都对数字货币甚至是金融发展产生了深远影响，但其局限性也显而易见。

---

① 以太坊区块链正式运行前，以太坊网络发布经历了四个阶段，前三个阶段的共识算法仍然采用工作量证明机制，在第四阶段才转而采用权益证明机制。

除前文介绍的关于区块链的技术经济约束外,私人发行数字货币最大的诟病是缺乏"稳定"币值。如图4-2和图4-3所示,从比特币和以太币的价格走势可以看出,由于其发行主要取决于数学算法和计算算力,缺乏经济理论支撑和现实经济连接,因此币值很容易受外界各种偶然事件影响,货币价格波动性巨大。以比特币为例,据比特币论坛 BitcoinTalk 记载,历史上第一笔以比特币支付的交易是用1万个比特币购买价值25美元的披萨,发生在2010年5月18日,即比特币诞生16个月之后。2013年10月31日,比特币价格首次超过200美元。2017年2月,比特币价格首次突破1000美元。此后,最高涨至19118.30美元(2017年12月19日)。因包括中国在内的部分国家严厉打击利用比特币等虚拟货币非法集资和洗钱,比特币价格在2018年12月跌至3200美元左右,下跌约83.3%。不仅在长时间周期内,即使在一天之内,比特币等第一代数字货币价格也可能出现高达30%的涨幅或跌幅。

显然,在现实经济世界中,如果一种货币在短期内暴涨暴跌,无论是从价值储藏还是从支付角度,都早已被民众和企业所抛弃。比特币等第一代数字货币的暴涨暴跌进一步为其招来更多批评,也加剧使其在数字资产与数字货币的天平上进一步滑向数字资产,使

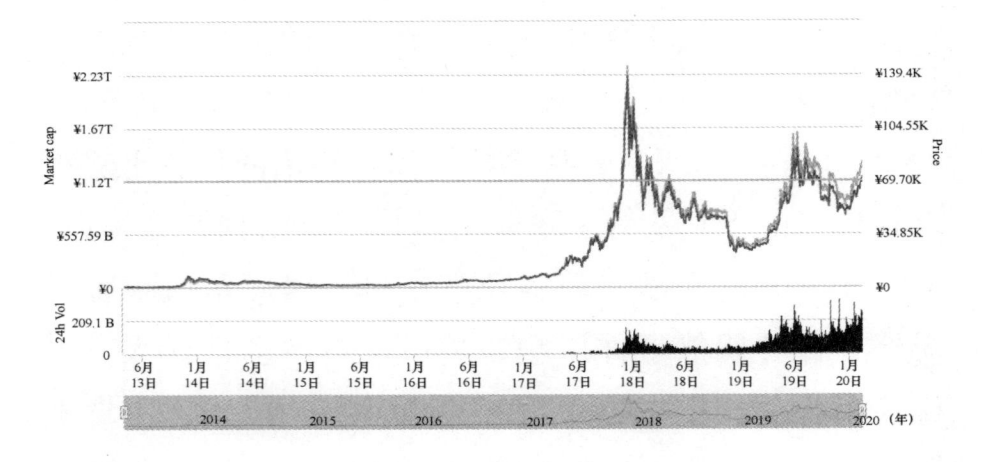

图 4-2 比特币价格（人民币）走势

资料来源：http://www.feixiaohao.com/currencies/bitcoin。

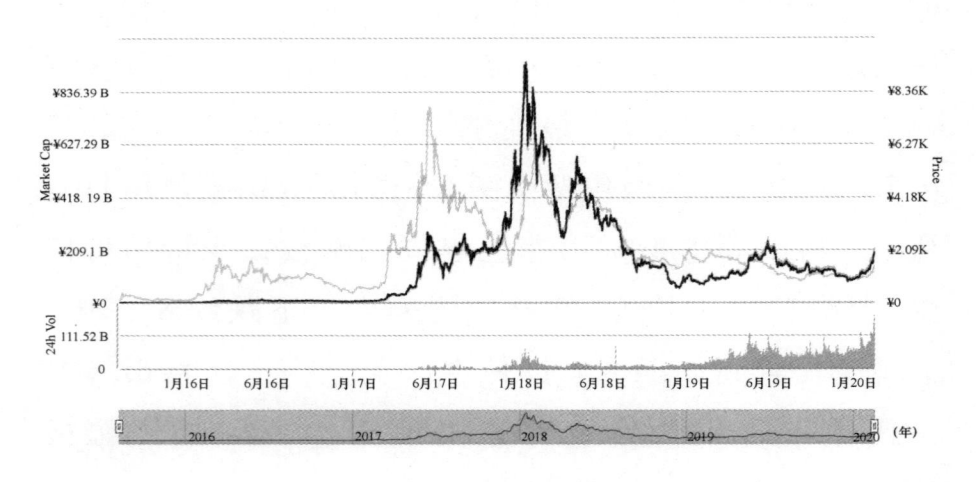

图 4-3 以太币价格（人民币）走势

资料来源：http://www.feixiaohao.com/currencies/ethereum/。

其成为名副其实的投资和投机工具，甚至被批评为洗钱工具。导致比特币等第一代数字货币价格暴涨暴跌固然有诸多因素，但根本原因还是在于其发行设计机制。缺乏稳定的币值、交易效率低、系统稳定性弱等，都是制约第一代私人发行数字货币成为"现实货币"的重要因素。

(三) 第二代私人数字货币

1. 稳定币的类型和发展现状

比特币等第一代数字货币虽然很快取得了市场的广泛关注,但币值不稳定、价格波动大的问题直接影响了其作为货币的使用,稳定价格成为数字货币发展最现实最直接的迫切需求,稳定币应运而生。稳定币就是指锚定某种内在稳定价值货币或标的物,或者是具有稳定购买力且具有稳定价格兑换关系的数字货币。

根据锚定对象或抵押物类型,通常可以将稳定币分为以下三种类型。

第一种是锚定法币或以法币作为抵押物的稳定币,简称法定资产支持型稳定币或链下资产抵押型稳定币,包括 USDT、TUSD、GUSD 和 PAX 等。这类稳定币通常锚定美元等一种或一篮子主流法币,并相应提供一定比例的法定存款作为抵押物。Tether 公司发行的泰达币(USDT)是典型代表,也被认为是稳定币的始祖,其他如锚定美元的 GUSD、USDO,锚定港币的 VHKD、锚定人民币的 XCHY 等也都属于此种类型。

第二种是锚定数字资产或以数字资产作为抵押物

的稳定币，简称数字资产支持型稳定币或链上资产抵押型稳定币，包括 BitCNY、BitUSD、DAI 等。这类稳定币通常是以比特币等一种或几种数字资产作为抵押物，并通过提供一定比例的数字资产抵押确保其价格与美元等法币实现较为稳定的兑换价格关系。BitCNY 是典型代表。

第三种是无抵押算法型稳定币或系统型稳定币，主要是指没有任何资产作为抵押物，仅依靠算法调整货币供应量维持其与一种或一篮子法币相对稳定的兑换价格关系。Basis 和 MakerDAO 都是典型代表。Kowala 锚定美元价格，但不依赖任何抵押物，只通过挖矿难度调整实现价格稳定，被认为是新一代稳定币。

此外，链塔智库还提出其他几种类型的稳定币，包括利用法币和数字资产相结合作为抵押物的稳定币，如 Saga 和 Reserve；利用黄金等贵金属作为抵押物的稳定币，如 Digix Global 和 HelloGold；以及利用其他有价资产作为抵押物的稳定币，如 Terra 等。理论上，随着抵押物变化还可以有更多类型的稳定币，但这些稳定币市场影响很小，主要还是上述前三种类型。

本书将私人发行数字货币区分为几代，主要是从代表性币种产生时间和共性特征的角度进行划分，并非意味着数字货币的后一代比前一代具有更好的技术经济性，也不意味着代际替代关系。从数字货币市场整体来看，尽管稳定币种类可能不下百余种，但业界有研究[①]认为，截至2018年11月，稳定币市场占整体私人发行数字货币市场的份额仅为1.1%左右，其中在稳定币市场上，泰达币占据77%的市场份额，其次是TUSD和USDC，二者约占13%左右。截至2020年2月17日，泰达币市值约为48亿美元，稳定币市场有较大发展，但总体仍然较小，而且大多数稳定币微不足道。

由于部分稳定币锚定法币，因此相比于第一代数字货币或其他稳定币，能够更好地与法币"兼容"，也因此获得金融监管部门的批准。GUSD和PAX是经美国纽约金融服务局批准，由数字货币交易所Gemin和区块链创业公司Paxos发行并锚定美元的稳定币，也是世界上首个经官方认可的数字货币。

2. 稳定币的优势与局限

相较于第一代数字货币的高波动性，稳定币因其与现实经济世界的法币间具有相对稳定的兑换关系，既具备了一般货币要求的价值稳定、支付结算尺度一致等必要特征，又兼具数字货币价值转移便利、安全

---

① 链塔智库：《2018稳定币研究报告2.0》，2018年11月8日，https：//finance.sina.com.cn/blockchain/roll/2018－11－09/doc-ihnprhzw9735543.shtml。

保密性强、可扩展性强、应用生态丰富等优势。但从现有实际运行的私人发行数字货币来看，市场规模普遍较小，除泰达币外，即使在虚拟货币业内，多数稳定币的影响几乎都可以忽略不计。究其原因，除了缺少类似于比特币等第一代私人发行数字货币的先发优势，这些稳定币本身的局限性也是不可忽视的原因。

第一，现有稳定币缺乏足够信用支撑。既然货币的本质是信用，无论是数字货币还是真实货币，都需要强有力的信用支撑。但实际上，由于稳定币发行公司自身普遍不够强大，用户对现有稳定币背后的抵押资产储备和发行公司的偿付能力缺乏足够信任。不同于比特币等第一代数字货币"挖矿"发行机制、交易支付验证机制，去中心化和共识机制使得参与者之间不需要相互信任。区块链技术对稳定币而言仅仅是某个协议层面的技术支撑，并非类似于第一代数字货币一样的去中心化，因此需要发行公司或运营的完全信息透明。以泰达币为例，Tether公司承诺按照1∶1的比例提供美元准备金保证，即银行提供与其发行的泰达币同等规模的美元作为资金担保，且用户随时可以将泰达币兑换回美元。但Tether公司对泰达币的发行和审计并不公开。2019年5月，媒体曝出Tether公司并非完全按照1∶1的美元现金支持兑换，Tether公司随后也承认美元或等价流动资产储备只占已发行泰达币的74%。在这种情况下，即使存在强有力和规范的外部监管，也很难完全避免稳定币超发等违规行为。没有信用支持的稳定币无法扩大用户基础，最终不可能成为广泛使用的货币。

第二，稳定性与流动性的矛盾难以依靠私人公司得到解决。包括数字货币在内，对任何货币而言，只有币值保持相对稳定，社会才有意愿使用，市场才能真正流通，货币政策当局才能决定市场流通的货币数量，因而稳定性是流动性的基础。这也是货币作为价值尺度和储藏手段的基本要求和重要体现。另外，稳定币要实现币值价格稳定，既与其发行机制有关，也与其市场流动性有关。只有市场上有足够的稳定币流动性，稳定币才能在市场上推广，才能被市场真正认可，最终通过币值价格均衡实现价格稳定。在现行模式下，充足的流动性需要稳定币发行公司以法币或法币等价流动资产担保，但显然类似Tether这样的公司无能为力。

第三，安全性和隐私保护能力相对较低。以泰达币为例，它通过Moni层协议实现交易和钱包存放，与比特币等去中心化的分布式账本存储不同，对发行或运营企业的安全技术水平要求更高。从发生过的稳定币遭遇黑客攻击的事件可以看出，其安全性缺乏强有力的保障。另外，由于初始稳定币发行是通过抵押物兑换，不是去中心化的发行方式，对用户隐私缺乏有效保护。

第四，交易成本相对较高。由于稳定币要保持与抵押物的稳定兑换关系，发行或运营企业要维持适当的盈利水平，就需要收取一定的兑换和交易费，这导致稳定币的使用通常要比比特币等支付更高的成本，这也限制了稳定币的使用。

（四）新一代私人数字货币

1. 新一代私人数字货币兴起的标志与背景

2019年6月18日，美国 Facebook 公司发布 Libra 白皮书，宣称要"建立一套简单的、无国界的货币和为数十亿人服务的金融基础设施"，核心即是被业界称为天秤币的新型加密货币 Libra。一石激起千层浪，Libra 虽然尚未推出，但其白皮书计划为人们描绘了未来数字货币的基本轮廓和雄心，因此一经发布即挑动了各界的敏感神经，标志着新一代私人数字货币开始兴起。

新一代私人数字货币的兴起，技术上固然是受到区块链和比特币及其他数字货币的启发，但 Facebook 出手主要是出于如下三个方面的原因。

首先，金融服务滞后于网络服务蕴藏着巨大商机。

尽管互联网的诞生只有不到 50 年时间，移动互联网更是近十余年的事，但网络服务的普遍性早已远超金融服务，全球多数国家可以使用移动互联网的人口远超过可以使用传统金融服务的人口。互联网与金融系统的结合虽然在中国、美国等一些国家取得了许多令人难以置信的成绩，但总体而言，发展既不平衡，也存在巨大机会，尤其是当区块链、人工智能和大数据等新一代信息技术的应用为"互联网 + 金融"展示了重塑金融技术经济范式的可能时，从底层改变金融的时代曙光开始展现。数字货币无疑是其中的重要领域之一。

其次，传统货币使用和支付成本高企。Libra 白皮书就指出，大量人口因为银行需要各种手续费，如汇款、开户、透支、ATM 等，导致未能开立银行账户。在电子商务尤其是跨境贸易中，各国和地区货币不统一，货币兑换和转账手续烦琐、成本高，已成为制约国际贸易的重要原因。

最后，数字经济发展呼唤新的货币解决方案。电子商务、第三方支付等的兴起使得消费者和虚拟世界越来越适应数字账户体系，不仅是冲击传统银行账户体系，更重要的是，数字账户体系适应了数字经济下数据要素和数字资产的规模化成长。在数字经济时代，资产与财富、资产与货币之间的界限越来越模糊，相应地，数字经济对货币流通性的要求也提到了前所未有的高度。这是传统中心化、结构化货币和账户分层无法克服的难题。

2. 新一代数字货币 Libra 的特点和创新

虽然 Libra 尚未面世，但从其白皮书等相关资料可以初步管窥新一代数字货币的一些特点和创新。

首先，从发行管理和技术基础来看，Libra 是由 Facebook 发起，但其仅负责初期工作，未来其管理将交由 Facebook 牵头成立的一个独立且非营利性成员组织 Libra 协会，该协会总部设立在瑞士日内瓦。Libra 协会负责协调和提供网络与资产储备的管理架构，并运作 Libra 区块链的验证节点网络。协会的成员构成目标是吸收 100 名地域多元化的创始会员，每个会员出资 1000 万美元。任何会员控制不超过 1% 的区块链网络。目前 Libra 协会有 Master、Visa 和 PayPal 等 27 家公司成为创始节点，构成主要包括支付服务商、技术和交易平台、电信企业、区块链技术企业、风险投资机构、非营利组织和货币组织六类。未来 Facebook 将与其他协会成员一样具有同等权利和职责。因此，Libra 既不像第一代数字货币如比特币般完全自由、去中心化，也不像第二代数字货币泰达币一样完全由私人企业控制管理。相应地，Libra 的技术基础是联盟链，而不是公共链。虽然 Facebook 声称未来 Libra 将构建在公共链上，但至少联盟链和有限验证节点的存在，大大提高了 Libra 的交易和使用效率，满足了货币作为支付手段的基本要求。此外，由于 Facebook 和 Libra 协会的存在，客观上也强化了 Libra 的信用，这是泰达币等稳定币无法比拟的。

其次，从 Libra 的稳定机制和发行机制来看，初始版本的 Libra 白皮书指出，Libra 将锚定银行存款、政府债券和美元、英镑、欧元、日元等多国和地区法币。由于受到各国货币和金融监管机构的批判，新版本 Libra 白皮书指出，Libra 将推出与原有货币篮子中主要国家法币挂钩的单币种稳定币，如 LibraUSD 和 LibraEUR 等，在此基础上再按照不同权重复合成多币种数字货币 BPLBR，类似于国际货币基金组织的特别提款权。此外，既不像比特币一样有发行总量限制，导致出现通缩可能，也不像泰达币一样由发行公司以等值美元资产担保发行。Libra 的创造不需要挖矿产生，而是需要通过法币购买。由于 Libra 由短期政府债券和真实银行存款提供支持，这保证了 Libra 币值的稳定性。

最后，从定位和功能来看，不同于第一代和第二代数字货币主要是作为支付手段和数字资产使用，Libra 定位于简单的、不分国界的数字货币和数字世界的金融基础设施。这不仅体现在有用于在 Libra 区块链中实现自定义交易逻辑和智能合约的专用编程语言Move，有用于验证Libra交易的LibraBFT共识协议和Libra区块链网络，还体现在Libra不是先着眼于支付，而是先着眼于Facebook的社交引入，以Facebook超过20亿的个人用户和超过9000万家的企业为对象，与众多应用对接，形成完整的货币应用生态系统。即使是倡导Libra的Facebook，其推出的数字钱包Calibra也仅是未来Libra无数钱包中的一个。Libra的生态使其成为数字世界的金融基础设施，未来无论是拓展货币支付转账功能，还是实现其成为跨越国界的超主权货币目标，至少在技术上都是水到渠成的。从某种意义上来看，Libra正因其不是简单定位于一种数字货币，而是意图成为超越国界和主权的数字世界金融基础设施，使其超越了与此前其他私人数字货币的发展逻辑和竞争格局，也对主权货币构成了巨大挑战。

（五）私人数字货币演进的影响

绝大多数第一代数字货币发行数目固定，只能通过"挖矿"或交易获得，而"挖矿"出币效率随时间递减，被认为天然具有通缩特征，货币发行规模与实体经济规模缺乏任何相关性。作为商品交换的一般等价物，货币是商品价值的衡量，有要求币值稳定的内在需要。由于不锚定任何法定货币，缺乏基础资产支持，投机和投资成为第一代数字货币的主要用途，价格波动性极大。

第二代数字货币的出现使稳定币的概念和思想开始被广泛接受。Libra 无论是早期提出锚定多国法币篮子，还是最近提出发行与主要国家法币挂钩的单币种稳定币，都使得 Libra 成为一种具有内在稳定价值的天然"稳定币"，获得了等同于央行背书的信用担保，理论上它完全可以替代现有法定货币作为商品交换媒介和储藏手段。从私人数字货币的演进可以看出，币值相对稳定既是其追求的目标，是其被广泛接受的重要标准，也是未来私人数字货币的演进方向。

由于币值不稳定以及交易效率低等诸多因素的制约，包括比特币等在内的早期私人数字货币只能作为数字资产看待，并主要用于投机炒作和非法经济活动，也因此常常不被视为货币看待，不被各国金融监管当局所认可。随着私人数字货币在演进过程中不断完善，尤其是在币值稳定和提高交易效率后，其匿名和隐私保护等特性的优势被进一步放大，而其超主权货币特征则进一步显现，将很快影响和挑战主权货币。

以 Libra 为例，Libra 白皮书中明确提出 Libra 的目标是建立"一套简单的、无国界的货币和为数十亿人服务的金融基础设施"。不同于现有多数数字货币，

Libra 是借鉴国际货币基金组织的特别提款权（SDR）理念和按照国际货币的定位来设计的，具有稳定性、低通胀性、全球接受度和可替代性，其支付功能体现了作为交换媒介的基本货币职能。Libra 能否成为超越主权的全球货币，主要取决于市场接受度，与是否由国家信用背书无关。因此，虽然 Facebook 宣称 Libra 不与任何主权货币竞争，或进入任何货币政策领域。但显然，如果没有各国金融监管机构的干预，依靠强大技术基础、庞大用户规模和未来形成的可靠消费体验与丰富应用生态，Libra 将不仅是一种私有加密数字货币或简单便捷的支付工具，还将成为以区块链技术为支撑，以稳定币值和数十亿用户信用为背书，超越任何国家主权的超级货币。Libra 早期计划与多种法币挂钩，而非与单一美元挂钩，既是保证 Libra 的跨境功能和币值稳定，也是试图模糊其货币属性和钻各国金融监管空子。

如果 Libra 成为超国家主权货币，因其币值稳定性、支付和转账匿名且安全、应用场景丰富，将会首先挑战发展中国家货币主权。尤其是在那些面临通货膨胀和货币贬值的国家，居民和机构将更加愿意使用 Libra，并将其作为储备资产，最终不仅是 Libra 在法定货币体系之外循环，冲击国家货币体系、储备体系甚至是金融体系，这些国家货币也将失去铸币权而可能走向货币 Libra 化。其次，即使 Libra 暂时未能实现对某些国家法定货币的替代，对于包括人民币在内的未能进入 Libra 锚定货币篮子的法定货币，其国际地位和国际化进程也必将随着 Libra 在全球范围内的推广和应用普及而受到影响。最后，对进入 Libra 锚定货币篮子的法定货币，包括美元在内，短期内其国际影响力得到进一步提升。但中长期内，因 Libra 在支付和跨境转账中具有现有货币支付和转账无法比拟的低成本和便捷、匿名、安全等优势，Libra 的广泛应用最终也将挑战甚至瓦解美元和 SWIFT 在国际支付体系中的主导地位。美国总统和国会以及部分国家以 Libra 容易助长走私、洗钱和毒品等非法交易的名义批评甚至反对 Libra，一方面是因为 Facebook 前期出现了滥用客户隐私数据的案例，更主要的是因为按照现有设计路径，未来交易和跨境支付，甚至包括资产储备很可能大量使用 Libra。Libra 将不可避免地挑战各国的货币主权，瓦解美元和 SWIFT 支付体系的国际金融主导地位。在最新的 Libra 白皮书中，Facebook 宣称将先引入锚定主要国家法币的单币种 Libra，这显然是一种"缓兵之计"，也从侧面说明未来私人数字货币演进对主权货币的影响和挑战。

五　数字法币及其发行利弊和风险分析

（一）数字法币及其类型和特征

1. 数字法币的概念与基本属性

私人发行数字加密货币的迅速发展自然引起了各国金融当局的密切关注。

顾名思义，数字法币就是一个国家或地区政府发行或以法令形式认可其合法流通的数字货币，也被称为法定数字货币（Digital Fiat Currency，DFC）。由于多数国家和地区均依法成立央行，制定和行使国家货币信用政策，并掌控货币发行权，如中国的中国人民银行和英国的英格兰银行等，毫无疑问在这种情况下法定数字货币是由央行发行，也被称为央行数字货币（Central Bank Digital Currency，CBDC）。中国人民银行数字货币研究所将央行数字货币定义为"由央行主导，在保持实物现金发行的同时发行以加密算法为基础的数字货币，即 M0 的一部分由数字货币构成。目标是构建一个兼具安全性与灵活性的简明、高效、符合国情的数字货币发行流通体系"①。

事实上，各界对数字法币并无太多共识。例如，包括国际清算银行货币之花的分类（如图 2-1 所示）在内，许多国家金融当局和研究者都认为，商业银行在央行的储备金就是一种央行数字货币。不过国际清算银行支付和市场基础设施委员会则认为数字法币是加密货币。考虑到数字货币是针对新一代信息技术应用而产生，为了与电子货币相区分，且与私人数字货币相比较，这里只考虑数字加密货币。如果数字法币由央行发行，则按照国际清算银行的 Bech 和加州大学圣塔巴巴拉分校的 Garratt[2] 的定义，大致可以将其理解为可利用 P2P 等形式在支付者和受付者之间交易而不需要经过中心化媒介的央行电子货币。该定义不仅可以将数字法币与储备金等其他既存形式的央行货币区分开来，也体现了 P2P 网络利用新一代信息技术支撑的技术特征、加密性和去中心化等特征。如图 5-1 所示，Bech 和 Garratt[3] 的定义直观地体现了央行数字

---

① 姚前：《中央银行数字货币原型系统实验研究》，《软件学报》2018 年第 6 期。

② Bech, M., Garratt, R., *Central Bank Cryptocurrencies*, BIS Quarterly Review, 2017, https：//www.bis.org/publ/qtrpdf/r_qt1709f.htm.

③ Ibid..

货币的这些属性。

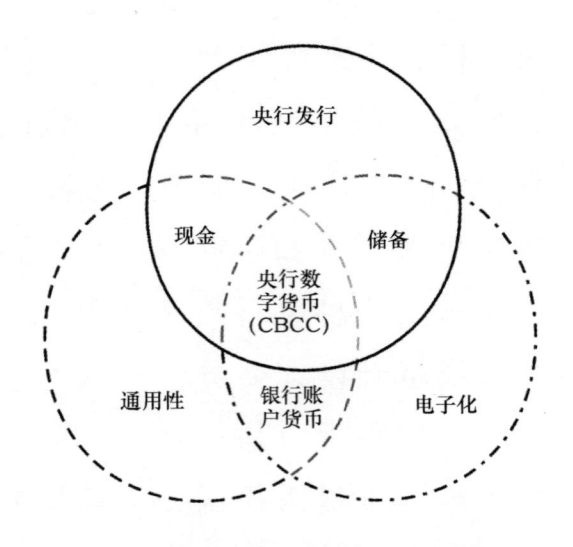

图 5-1 央行数字货币的三维属性

2. 数字法币的类型

与私人数字货币不需要考虑与传统货币发行体制和金融体制的接轨不同,发行数字法币在很大程度上需要考虑与传统货币发行、监管体制和流通模式的兼容。与此同时,因为数字法币是加密形式,且在很大程度上受到了私人数字加密货币的影响和冲击,因此按照发行是否基于银行账户体系,国际货币基金组织支持的一项研究中将央行数字货币分为基于账户(Account-based CBDC)和基于令牌(Token-based CBDC)两类。中国人民银行前行长周小川、现中国人民银行货币政策司司长姚前等都持有类似观点。根据私人数字货币和当前第三方支付的既成规则和惯例,后者也被称为基于钱包的数字法币，这同早期比特币和新近的 Libra 类似。如图 5-2 所示，两类数字法币有完全不同的交易机制。基于令牌的数字法币交易如同比特币或第三方支付，而基于账户的数字法币交易则类似于现有商业银行储户之间的交易，但与此不同的是，基于账户的数字法币交易需要央行核实交易双方信息，并统一登记分类账进行结算。

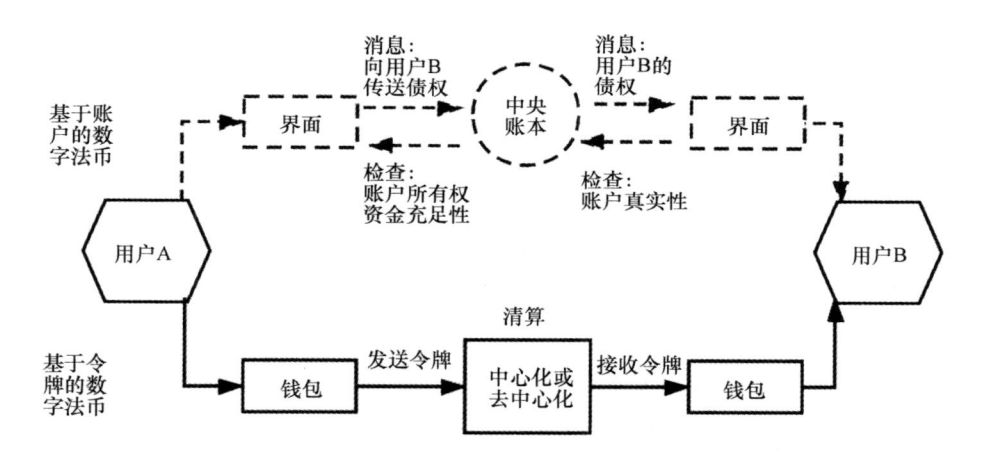

图 5-2 央行数字货币的两种类型及其交易机制

资料来源：Mancini-Griffoli, T., etc. Casting Light on Central Bank Digital Currency, https://www.imf.org/en/Publications/Staff-Discussion-Notes/Issues/2018/11/13/Casting-Light-on-Central-Bank-Digital-Currencies-46233, Nov. 12, 2018.

欧洲中央银行的观点[①]略微有些不同，其将央行数

---

① Pankki, S., *Digital Base Money: An assessment from the ECB's perspective*, Jan. 16, 2017, https://www.ecb.europa.eu/press/key/date/2017/html/sp170116.en.htm.

字货币称为数字基础货币（Digital Base Money），包括基于账户的（Account-based）数字基础货币和基于价值的（Value-based）数字基础货币两种。在基于价值的情景下，数字基础货币的持有和使用都需要电子钱包，货币转移在两个钱包间直接转移并记账，不需要央行参与，实现去中心化目的。因此，只有基于价值的数字基础货币才能达到匿名目的。

根据账户是否基于央行账户，Koning将数字法币分为央行数字账户（Central Bank Digital Account，CBDA）和央行数字货币（CBDC）两类。Bech和Garratt按照其对加密货币的分类[①]，将数字法币区分为两类。一类是针对零售交易、可广泛使用、面向C端消费者的支付工具，我们将其简称为零售CBCC（Retail CBCCs），可以如同数字化的现金一样使用。另一类与之对应，则是针对批发支付应用、面向B端的受限访问数字结算令牌（a restricted-accesss, digital settlement token），我们将其简称为批发CBCC（Wholesale CBCCs），这类似于央行数字账户，目的是既可以让央行监管大额资金流动，还可以有效降低结算成本，同时提高结算效率。显然，这两种分类既相似，但也有差

---

① 两人从发行者（央行或者其他）、货币形态（电子或物理）、可及性（通用或有限）和流通机制（去中心化或中心化）四个维度对加密货币进行分类。

异，反映了数字法币发行和应用面临的不同挑战。本书将在后文进一步详细讨论。

3. 数字法币的特征

数字法币与私人数字货币都是数字货币，具有许多共性特征，如加密、智能应用、算法应用、点对点交易和隐私保护等。但与私人数字货币相比，数字法币具有如下四个明显特征。

第一，数字法币具有完整货币功能。如果说对私人发行数字货币存在关于数字资产和数字货币的不同认识和争论，从发行主体、发行目的到作为支付手段、价值尺度、流通媒介和财富储藏的应用等，数字法币与传统货币并无本质差别。在主权国家或地区范围内，数字法币与对应的传统货币具有完全相同的权利和法律效力。以人民币为例，有网民将中国人民银行数字货币称为人民币电子版。虽然这一比喻不当，但仅从货币功能来看，二者是一致的。

第二，数字法币是主权货币。从中本聪设计比特币开始，私人数字货币从发行伊始，其目标就是不限制使用范围的支付系统。Libra更是直接宣称要成为超主权数字货币。数字法币由各个国家或地区央行发行或给予其主权货币的法律地位，是从本国金融主权和货币主权的角度来考虑其发行和流通。按照货币法定论，货币演进的历史进程已经表明，国家发行货币已是历史证实和大多数国家实践证实的结果。货币发行权是货币主权的重要内容，是国家主权的一部分。因此，国家发行数字法币似乎是理所当然。换句话说，数字法币自然必须是主权货币。

第三，数字法币是信用货币。私人发行数字货币的信用来自其技术或者发行机制，例如，区块链技术应用和共识机制等。数字法币则不同，其代表着央行、国家或地区政权对公众发行的债权，以国家信用为担保，持有数字法币即相当于持有国家债务。这是私人发行数字货币所不具备的优势[①]。

第四，数字法币的政策性。由于数字法币具有完整主权货币职能，并由国家信用提供背书，数字法币的发行投放和应用既要受到国家经济与金融政策的约束，同时因其发行和流通发挥着信用创造功能，也将对金融货币政策产生重要影响。

（二）各国央行对数字法币研究和试验进展

1. 各国央行对数字法币观点和试验概况

2020 年 4 月 29 日，中国中央电视台报道，中国人

[①] 姚前：《理解央行数字货币：一个系统性框架》，《中国科学：信息科学》2017 年第 11 期。

民银行数字货币将在深圳、雄安、成都和苏州四地试点。此前媒体报道，中国人民银行数字法币已开始在中国农业银行内测。中国人民银行发行数字法币是一件大事，需要借鉴和参考国际上其他国家央行对数字法币的看法和开展的相关试验。

2018年年末，国际货币基金组织职员对各国央行数字货币研究和试验做过一次回顾性研究供各界讨论[1]。综合来看，部分国家和地区央行，如巴西、新加坡、澳大利亚、丹麦、新西兰、瑞士和欧洲等，都不准备发行央行数字法币，而是继续关注和研究。部分国家正在积极计划推出或已经推出数字法币，如中国和俄罗斯、立陶宛、突尼斯、泰国、乌拉圭等。据媒体报道，突尼斯央行是全球第一个发布数字货币的央行，但也有报道认为这只是一种操作演示。另有媒体报道，马绍尔群岛、委内瑞拉等一些国家央行已发行央行数字货币，但实际上这可能是一种误解。以马绍尔群岛的SOV为例，虽然是央行发行，但因其并不具有国家债务求偿权，与私人发行数字货币相比，区别仅在于发行主体不同而已。

---

[1] Tommaso Mancini-Griffoli, Maria Soledad Martinez Peria, Itai Agur, Anil Ari, John Kiff, Adina Popescu, and Celine Rochon, *Casting light on central bank digital currency*, Nov. 2018, https://www.imf.org/en/Publications/Staff-Discussion-Notes/Issues/2018/11/13/Casting-Light-on-Central-Bank-Digital-Currencies-46233.

它们只有央行数字货币之名,并无法定货币之实,因此并非真正的数字法币。

相比之下,乌拉圭央行于2017年开始的电子比索试点更接近于数字法币。该试点共发行2000万电子比索,包括几种不同面值,由电子钞票管理平台发行管理,其中700万针对第三方以在央行持有等值比索的形式发行,其他面向个人和企业,采用电子钱包形式,限定个人电子钱包和企业电子钱包最多可分别持有3万电子比索和20万电子比索。交易可通过短信或安装有电子比索应用程序的手机以即时点对点方式传输。目前该试点已结束,回收并取消了所有电子比索。值得一提的是,该试点并未采用分布式账本技术,且被认为取得了成功。

国际清算银行对全球66家央行调查[①]发现,2018年70%的央行正在或将很快开展数字法币工作,比2017年略有增加。各国关注的重点主要是批发数字法币,关注的央行比例约为56%。虽然大多数银行都在研究数字法币,但基本上都是停留在概念层面,只有极少数央行计划在短期内发行数字法币。局势随时都在发生变化,2018年接近一半的被调查对象已开始进

---

① Christian Barontini, Henry Holden, *Proceeding with caution—A survey on central bank digital currency*, BIS Papers No. 101, Jan. 8, 2019, https://www.bis.org/publ/bppdf/bispap101.htm.

行试验或开始进行概念验证活动，相比 2017 年增加了 15 个百分点。乌拉圭、瑞典、加拿大、新加坡和南非 5 个国家央行进行了不同形式的试点活动。与乌拉圭的电子比索不同，开展试点的发达经济体和新兴经济体银行都是利用分布式账本技术试验批发支付系统，如加拿大银行、新加坡金融管理局和南非储备银行等。与此同时，各国央行也在相互协作就数字货币的跨境支付和证券结算等进行概念验证合作，如欧洲央行和日本央行合作的 Stella 项目（2017），加拿大央行、新加坡金融管理局和英格兰银行的联合项目（BoC、MAS 和 BoE）（2018）。

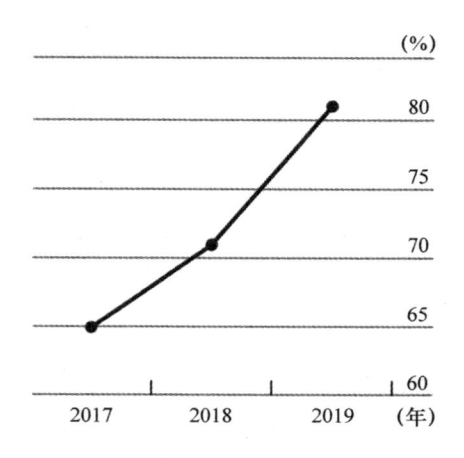

图 5-3 开展数字货币工作的央行比例

注：包括研究、实验、技术验证和试点。

资料来源：Boar, C., Holden, H. and Wadswort, A., Impending arrival—A sequel to the survey on central bank digital currency, BIS Papers No. 107, Jan., 2020, https://www.bis.org/publ/bppdf/bispap107.htm。

2020年，国际清算银行的后续调查[①]发现，越来越多的央行对数字法币表现出浓厚的兴趣。66家央行中，大约80%央行报告正在开展某种类型的数字法币工作，50%的央行同时关注批发和通用央行数字法币，大约40%的央行已经开始从概念研究发展到实验或概念证明阶段。包括美联储在内，也在利用分布式分类账技术开展数字法币的相关研究和试验，尤其是新兴经济体正在从概念研究转向密集的实际推动。

2. 发达经济体数字法币典型试点

瑞典被认为是数字法币发行走得最靠前的国家，一个重要原因是瑞典国内纸币和硬币的使用与需求大幅减少，已经达到了一个现金使用临界点（a tipping point in cash use）。根据瑞典央行网站相关资料介绍[②]，2017年春，瑞典央行启动电子克朗（e-krona）项目，与国内和国际相关机构对话合作，研究法律、政策和技术问题，先后发布了两份报告。由此可以发现，电子克朗的定位是物理现金的补充，而非替代，是瑞典的主权货币，与纸钞和硬币等值。电子克朗包括基于账户和基于价值两种类型，后者可以在存储卡上、可

[①] Codruta Boar, Henry Holden and Amber Wadsworth, *Impending arrival—A sequel to the survey on central bank digital currency*, BIS Papers No. 107, Jan. 23, 2020, https://www.bis.org/publ/bppdf/bispap107.htm.

[②] https://www.riksbank.se/en-gb/payments--cash/e-krona.

穿戴设备或手机应用程序上保存。但不管是哪种类型，都有一个基本登记以记录其合法所有者，这使得电子克朗交易是可追踪的。这是电子克朗与私人数字货币的巨大区别[①]。技术上，电子克朗需要具备可扩展性（Scalability）、互操作性（Interoperability）、可靠性（Reliability）和可用性（Accessibility），可以构建在传统中央数据库和分布式账本技术开发。但与此同时，瑞典央行也认为，包括区块链技术在内的分布式账本技术上没有提供足够或较大的成功应用，可能会有一些缺点，例如，缺乏规制、标准和影响效率等。2020年2月，瑞典央行正式与埃森哲合作，启动了为期一年的电子克朗试点项目（a pilot project），目的是在测试环境中展示数字货币如何使用，包括模拟参与者以及与现有金融基础设施和结算系统的交互。在测试方案中，项目构建在区块链联盟R3的Corda区块链上，克朗网络是私人网络，只有获得瑞典央行同意才能加入新的参与者。电子克朗试点项目概念框架如图5-3所示。由此可以看出，电子克朗交易与既有支付网络相分离，其支付结算不通过瑞典清算系统（RIX），但电子克朗发行和赎回将通过RIX完成。交易验证通过

---

① 瑞典官方不认为私人加密货币是真正的货币，而认为是金融资产的一种形式，原因是它们没有官方发行机构，不能作为正常支付手段使用，缺乏稳定价值，参见 https：//www.riksbank.se/en-gb/payments-cash/e-krona/difference-between-e-krona-and-crypto-assets/。

独立的公正节点（Notary node）进行，而不是像比特币那样全网节点验证，这样交易效率大大提高。电子克朗由瑞典央行面向数字货币网络参与者银行等进行发行，再由其向商户或终端用户分发。央行不直接对网络外的企业和居民发行。

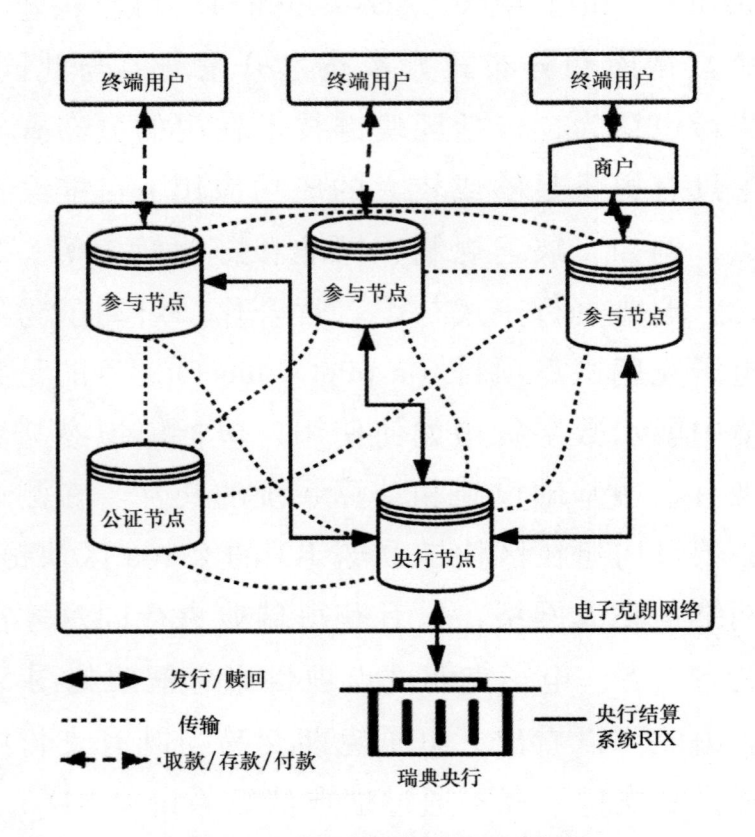

图 5-4　电子克朗试点项目概念框架

资料来源：Technical solution for the e-krona pilot, https://www.riksbank.se/en-gb/payments--cash/e-krona/technical-solution-for-the-e-krona-pilot/。

在主要发达国家中，加拿大也是较早关注并推动开展央行数字法币试验的国家。受现金使用的不断减少和私人数字货币发行的影响，除一些研究性工作外，加拿大主要开展了 Jasper 项目试点，目的是测试利用分布式账本技术开展大额支付应用。Jasper 项目由加拿大银行发起并主导，吸引支付机构、央行和交易所等参与其中，已开展了两期，目前正在进行第三期。第一期是在以太坊平台上发行央行数字存托凭证，试验不同于传统央行结算账户的支付结算模式；第二期是将平台迁移到 R3 的 Corda 平台，改进在线支付结算模式，试验延时结算等新功能；第三期重点是建立综合证券和支付平台，验证基于分布式账本技术的证券交易结算和清算。初步验证发现，利用分布式账本技术开展批发支付有一定的效率和成本优势，但独立的分布式大额支付系统效能还有待提升，尚无法媲美传统央行中心化大额支付系统。目前来看，加拿大银行认为，现有支付系统具有较好的弹性和隐私保护功能，能够满足加拿大人的使用需求，但尚无令人信服的发行数字法币的案例。因此，加拿大对央行发行数字法币的基本态度是，不承诺是否发行，但加强研究以确保在需要时能快速推出数字法币。相应地，加拿大对发行数字法币的技术方案[1]和数字法

---

[1] Dinesh Shah, Rakesh Arora, Han Du, Sriram Darbha, John Miedema, Cyrus Minwalla, *Technology Approach for a CBDC*, Feb., 2020, https://www.bankofcanada.ca/2020/02/staff-analytical-note-2020-6/.

币发行应急计划①等都做了相应的研究和安排。

2020年年初，加拿大银行、英格兰银行、日本银行、欧洲中央银行、瑞典央行和瑞士国家银行，联合国际清算银行成立了一个小组，由国际清算银行创新中心负责人和英格兰银行副行长共同主持，相互交流各自对央行数字法币的看法、各国研究和试验检验，评估和分享新技术和各国试点或试验②。

受Jasper项目影响，新加坡金融管理局开展的Ubin项目③更持久和更深入，也更具有借鉴意义。Ubin项目第一阶段始于2016年11月，由新加坡金融管理局联合R3和星展银行、汇丰银行、摩根大通等金融机构开展，目的是基于R3以太坊开发银行间数字货币支付结算系统，验证利用分布式账本技术使用数字新元或新元代币进行支付结算的可行性。根据设计，对象数字货币发行因依托新加坡电子支付系统建立的存托凭证现金托管账户而被称为存托凭证（Deposit

---

① Contingency Planning for a Central Bank Digital Currency, Feb. 25, 2020, https://www.bankofcanada.ca/2020/02/contingency-planning-central-bank-digital-currency/.

② Central bank group to assess potential cases for central bank digital currencies, Jan. 21, 2020, https://www.bankofcanada.ca/2020/01/central-bank-working-group-cbdc/.

③ Monetary Authority of Singapore, *Project Ubin: Central Bank Digital Money Using Distributed Ledger Technology*, https://www.mas.gov.sg/schemes-and-initiatives/project-ubin.

Receipt，DR），DR 获取以同等数量托管账户资金为抵押，不计利息，仅限参与银行间支付清算场景使用。分布式账本系统中的 DR 交易虽然可以全天候、独立运营，但考虑到货币的统一性，系统通过 DLT 连接器与现有新加坡电子支付系统连接，DR 交易需向电子支付系统发送结算文件，并由电子支付系统完成最终结算。2017 年，Ubin 项目开始第二阶段试验，联合新加坡银行协会和埃森哲，目的是进一步验证基于分布式账本技术的全面实时结算的可行性。参与的 11 家金融机构基于 R3 Corda、Hyperledger Fabric 和 Quorum 三种不同分布式账本技术平台开发了三种不同模式的原型系统。根据设计，项目仍然限定于银行间支付和结算。新加坡的两阶段试验较为成功，较好地体现了分布式账本技术应用在分散风险中的作用，尤其是央行不再必然要承担中央金融市场基础设施运营商的角色，有助于消除央行作为金融生态系统中心的单点故障（single-point-of-failure）风险。最重要的是，试验初步证实，分布式账本技术在银行间的数字货币支付结算基本可行，基本可以无缝对接现有央行电子支付系统，不会影响现有电子支付系统运营且可以形成较好补充。

在此基础上，新加坡又相继开展了三期试验。Ubin 项目第三阶段试验始于 2018 年 8 月，由新加坡金融管理局与新加坡交易所（SGX）联合德勤、纳斯达克和

Anquan 三家公司，利用第二阶段开发的开源软件开展，目的是验证跨不同区块链平台的数字货币结算，尤其是数字资产和证券资产的交付与付款，包括使用智能合约技术的结算流程。试验表明，分类账互操作性和投资者保护可以通过区块链技术设计与相应的解决方案来实现。2018 年 11 月，新加坡金融管理局联合加拿大银行和英格兰银行进行了 Ubin 项目第四阶段试验，即新加坡金融管理局和英格兰银行将各自国内实验性支付网络与加拿大 Jasper 项目连接起来，称为 Jasper 项目和 Ubin 项目，提出了跨境结算系统的不同设计方案，成功开展了使用数字法币进行跨境和跨币种支付试验，初步验证了跨境和跨币种支付与结算框架的可行性。2019 年 11 月，Ubin 项目开始第五阶段试验，即赋能广泛生态系统合作的试验。新加坡金融管理局宣布成功开发基于区块链的原型，与摩根和 Temasek 合作，该原型网络的目的是验证不同货币在同一网络上的支付与结算，包括为其他区块链网络提供无缝连接和集成的接口，提供其他额外功能，与商业区块链应用程序集成的能力，并验证基于区块链的支付网络的商业可行性和价值。目前第五阶段试验仍在进行中。

（三）发行数字法币的利弊与风险分析

既然私人数字货币已经搅动一池春水，且全球大多数央行已开展发行数字法币的相关工作，但为什么除了少数国家开展试验或试点外，至今未见主要经济体央行发行的数字法币投入使用？即使是在成功开展了电子克朗试点的瑞典，也尚未决定未来是否要推出数字法币，采用何种方式发行以及是否采用区块链技术。这是因为，如同硬币的两面，无论是在技术上还是在经济上，发行数字法币都是既有优点和益处，也有风险和巨大挑战，二者都是未知数，这是央行面临的难题。

1. 技术层面的分析

私人数字货币发行采用的区块链技术及其背后去中心化思想产生的影响远比我们想象的要大很多。虽然现有央行数字法币概念框架的验证、试验和试点基本上都是基于不同分布式账本技术平台开展，且新加坡 Ubin 试点基本证实了分布式账本技术的可行性和长处，但对各国央行而言，是否要采用分布式账本技术仍然难以决断。

分布式账本技术的优点和采用分布式账本技术的好处主要是：首先，分布式存储和分散式计算有利于数字货币的分发，提高货币支付系统的弹性和容量，增强数字货币的可用性，促进数字货币的成功发行和应用；其次，在技术上，正如新加坡 Ubin 试点证实的那样，分布式账本技术应用可以分散央行集中式支付、结算和清算的压力，降低集中式支付系统的风险。最后，以区块链为代表的分布式账本技术在金融交易、结算、监管和信用管理等广泛的领域展现了巨大发展潜力。数字法币不仅是一种新形式的电子货币，还代表着一种新型支付基础设施。如果数字法币发行采用分布式账本技术，不仅有利于促进围绕新型支付基础设施形成系列创新，也有利于鼓励和促进分布式账本技术创新，对数字金融和数字经济发展形成积极效应。

但采用分布式账本技术的风险和弊端也显而易见。首先，当前金融和各种交易活动中高频次和大规模支付需求对支付系统的安全性、稳定性、包容性和交易效率有极高要求。分布式账本技术作为一项新兴技术，尚存在诸多未知的风险，贸然将数字法币发行和结算、清算支付构筑在分布式账本技术上的风险巨大。其次，各国央行当前普遍采用的集中式数据库的处理技术经历了长期的实践检验，尚无任何技术或现实需求证实现有支付系统的中心化设计和集中式处理无法满足未来要求。相反，区块链技术在比特币等交易中的低效则加剧了央行的担心和顾虑。因此，考虑到分布式账本技术作为支付系统底层技术尚有待大规模验证，没有任何央行敢于冒险试错。即使不考虑分布式账本技术的问题，数字法币发行、持有、交易传输等诸多环节在技术上都存在许多风险。比特币被盗取、丢失的新闻令央行不得不对数字法币发行保持高度警惕。英格兰银行的观点很好地反映了大型央行对采用分布式账本技术的顾虑，即分布式账本技术并非数字货币的必然技术，其创新和优点主要是分发（distribution）和去中心化可以增强数字货币的弹性与可用性，但对系统性能、隐私保护和安全性等可能产生负面影响。即使是智能合约技术的可编程货币功能，也会有多种技术可供选择。

2. 商业和经济层面的分析

央行发行数字法币是对比特币、以太币和Libra等私人数字货币的回应，可以有效减少各种形式私人数字货币的风险，同时可以在商业和经济上取得较好的经济收益。首先，数字法币可以分割到更小单位，更有利于促进商业交易，小额交易也有利于数字经济的商业模式创新。例如，视频和新闻按照阅读时间收费，数字媒体按需定制付费。其次，数字货币支付比现有信用卡、移动支付等方式更灵活，例如，数字货币可在智能穿戴产品和物联网设备上使用，有更好的适应性。因此，数字法币的发行和使用将有助于推动新兴商业模式创新，助推数字经济发展。最后，智能合约技术应用增加了数字法币的可编程功能，在电子商务和商务活动中可预先设定条件和规则实现自动付款。在社会经济活动中，由于数字法币结算采用付款人与收款人之间点对点直接传输，不需要央行的清算登记，与现金使用相比，可以大大降低使用成本和交易成本。尤其是对于中心化程度较低而结算时间长的贸易融资和衍生品交易等，使用数字法币支付结算，可以显著降低社会总成本。一些研究[①]也证实，在数字票据交易、保理业务中引入数字法币，可以简化操作，降低交易成本。此外，数字法币可满足自动缴税、信用自动调整等功能，这也有利于降低社会整体的交易成本和管理成本。最后，一些研究也指出，不同央行之间创设数字法币交易互操作标准，可以实现不同数字法币在原子层面的交易，可以在跨境支付中实现更安全、更便捷和更低成本的跨境付款。

实现这些商业与经济上的收益有赖于一个前提，即银行服务尚不普遍，有较高比例的人无法使用方便的非现金支付。显然，在支付和交易结算效率越低的国家，因为法币数字化而能获得更大的使用成本，且交易成本降低，发行数字法币的商业和经济收益相对越大。但这似乎存在另外一个悖论，在非现金支付便利性和支付便利高、结算效率高的国家，人们真的还

---

① 徐忠、姚前：《数字票据交易平台初步方案》，《中国金融》2016年第17期。

需要用新的数字货币支付方式取代现有支付方式吗？以中国为例，以支付宝和微信支付为代表的第三方移动支付已经极其便利，在小额支付中占据较大份额。如果央行能改变对其运营公司金融地位的认定，放松对大额支付的监管，发行数字法币能实现的上述商业和经济收益多数可以实现。类似地，在非现金支付较为便利的欧美等发达国家，至少在商业和经济上并不存在发行数字法币的迫切需求。澳大利亚和瑞士等国家就明确表示，不准备发行数字法币，一个很重要的原因就是认为至少目前其在商业和经济上的收益有限。

3. 金融层面的分析

数字法币首先是一种新形式的货币，其次代表着一种新的支付基础设施，因此其在金融层面的影响更为显著，也成为影响各国央行是否发行数字货币的首要考虑。

（1）对支付的影响。一方面，从货币支付的角度看，数字法币既具备类似现金的点对点支付、即时支付结算、方便快捷等特点，又具备数字化优点，例如，发行、持有和流通成本低，交易成本低；具有更好的支付普适性和泛在性，可在多种介质、渠道或场景中使用；以及便于记录货币转移和交易记录，防止洗钱和打击恐怖主义融资（AML/CFT）等，从而实现对法定货币支付功能的优化①。

另一方面，数字法币发行是因为现金需求减少，现金使用量大幅度下降。可以预计，未来数字法币发行后，很可能加剧现金需求和现金使用量、使用频率的进一步降低。虽然政策制定者希望数字法币可以发挥类似于现金的使用便利性，但如果出现诸如断电、断网甚至重大灾害事故时，数字法币使用能否像现金使用一样不受影响？对于老年人等较少接触数字技术或存在使用数字技术障碍和困难人群，如何保障其货币自由使用权？此外，如果出于防止洗钱和打击恐怖主义融资等非法经济活动的目的，数字法币的转移和交易是可记录的，则可能存在另一个层面对持有人和交易隐私的担忧。这与私人数字货币引人注目的去中心化、匿名性和隐私等特征似乎并不一致。显然，这很可能导致数字法币吸引力的降低，而达不到应对私人数字货币挑战的发行目的。

支付层面的另一个比较大的影响是针对第三方支付。近年来，在数字金融领域已涌现出一批新型第三方支付公司，如中国的支付宝和微信支付等，美国的 PayPal、Google Checkout、苹果支付，以及英国的 Worldpay 和印度的 Paytm 等。这些新型支付公司的支

---

① 姚前：《法定数字货币的经济效应分析：理论与实证》，《国际金融研究》2019 年第 1 期。

付方式简单快捷，个性化服务很好地迎合了数字化时代的支付需求，因而拥有大批忠实用户，成为央行和传统金融体系支付覆盖面窄、功能不足的重要补充。数字法币无论是基于账户模式还是基于钱包模式、点对点支付，都将与现有第三方支付形成直接竞争关系。另外，如合理设计，引入数字法币将推动形成新的支付服务创新，如提供数字货币钱包、支付界面的个性化设计等。但从现有第三方支付的角度看，如同私人数字货币发行一样，数字法币的引入毫无疑问将影响，甚至是颠覆这些第三方支付公司的业务内容和运营模式。

（2）货币政策层面的影响。国内外多数研究都认为，引入数字法币将对货币政策产生影响，但这种影响取决于多种因素。

首先，从发行支付的角度来看，由于数字法币的支付转移是点对点，它使得企业和居民可以直接使用央行的货币，这意味着可以由央行或政策性银行直接将数字法币转移给最终使用者，从而确保货币政策能得到更好地传导。以新冠肺炎疫情应对为例，针对低收入人口和中小企业的救助款项，可以迅速而直接地发到特定群体的电子钱包，达到救助保民生和刺激消费的目的。

其次，从发行规模来看，如果数字法币等同于现有货币的增量发行，则引入数字法币相当于增加了货币供应量。数字货币发行规模即相当于增加的货币供应量，其对宏观经济政策的影响均与此相关。如果数字法币是替代现有货币的等量发行，即需要以等量准备金抵押或现有货币购买，相当于 M0 替代，则引入数字法币并不增加货币供应量，本质上并未改变货币政策。

最后，从货币利率来看，如果央行发行的数字法币是计息的，数字法币的引入无异于"创造一种新的价格型货币政策工具"[1]。由于数字法币的传导更加直接、有效，无论数字法币利率是高或低，都将更加直接地传递给市场，市场亦因此而更敏感。不仅如此，数字法币利率还将影响现行利率政策。姚前分析指出，在批发端，当数字法币利率高于准备金率时，其将成为货币市场利率走廊下限，准备金利率因此而被取代；在零售端，数字法币利率将成为银行存款利率下限[2]。在这种情况下，央行将可以通过数字法币利率调控银行存款利率，并进而传导影响贷款利率。显然，数字法币的利率将成为唯一有影响力的利率，其对货币政策的影响由此可见一斑。

从目前各国央行试点来看，国际货币基金组织的

---

[1] 姚前：《法定数字货币的经济效应分析：理论与实证》，《国际金融研究》2019 年第 1 期。

[2] 同上。

调查发现，除瑞典电子克朗考虑了内置支付利息的功能外，几乎所有接受调查的央行都不准备发行计息的数字法币。与此同时，研究也证实，引入数字法币有利于货币政策传导，使得货币政策更加敏感、传导更快捷及时，对货币政策的总体影响相对较小，但也需要综合考虑数字法币发行规模、发行方式以及是否计息等多种因素。在某种意义上，通过调控数字法币的使用，数字法币将成为央行调控金融市场、管理金融风险的一种新型宏观审慎工具。

（3）对金融的系统性影响。第一，对发展普惠金融的积极影响。从正面影响来看，引入数字法币有利于普惠金融发展。由于金融机构的营利性要求，其关注焦点很容易导向高收益服务对象和服务地区。现有金融系统对小微企业、低收入群体以及位于偏远地区的企业和其他特定群体来说并不平等，这些企业和人群通常更加难以获得传统金融服务。在不同国家和地区，虽然表现形式不同，但都不同程度地存在。例如，农村金融不发达、网点少，农民很难享受到便利的金融服务。在中国，小微企业融资难顽疾始终难以根治。在金融相对发达的美国，虽然人均拥有 3 张信用卡，但也有接近一半的人没有信用卡[1]。接近 8500 万低收

---

[1] http：//www.census.gov/library/publications/2011/compendia/statab/131ed/banking-finance-insurance.html.

入、农村人口和少数族裔人口每年付出的支票兑现和贷款等基本金融服务成本相当于食物支出，约占其家庭年收入的10%。由于多数银行开户需要收费，制约了较高比例人口享受金融服务的权利。美国的一项调查发现，高达80%的美国人认为传统金融机构过于关注服务大企业，对普通消费者的小企业提供的服务不足；70%的美国人认为金融科技可以让金融交易更加简单，将带来更好的金融服务；65%的人认为能让更多人获得过去只有富人才可以获得的金融服务[1]。国际电联2014年的一份研究估计，全球约有20亿人口没有银行账户。甚至有报道认为，在发展中国家有高达80%的人口无法从传统银行系统提供的金融服务中获益[2]。

数字技术的发展提高了金融的包容性，为普惠金融发展提供了可能。2016年杭州G20峰会发表的《G20数字普惠金融高级原则》首次明确提出可以利用数字技术推动普惠金融发展。具体到数字货币而言，引入数字货币将极大推动普惠金融发展[3]。

---

[1] Blumberg：《70%的美国人认为金融科技优于传统金融机构》，2016年11月14日，https://news.trjcn.com/detail_179447.html。

[2] ［美］大卫·文：《数字货币与普惠金融》，司晓玲译，《金融时报》2017年2月20日第12版。

[3] 焦瑾璞、孙天琦、黄亭亭、汪天都：《数字货币与普惠金融发展——理论框架、国际实践与监管体系》，《金融监管研究》2015年第7期。

首先，数字货币有利于增加金融服务覆盖面和便利性。由于数字货币交易不依托任何金融中介，能与各种移动技术相结合，而不是依托银行网络甚至是互联网，对于传统金融基础设施薄弱地区可以提供新的金融服务途径。以非洲为例，移动技术发展和应用推动移动货币账户快速增加，在科特迪瓦、巴拉圭、喀麦隆等20多个国家，移动货币账户数快速增长，已超过银行账户数。

其次，数字货币有利于降低金融服务交易成本。数字货币不依赖于金融中介、传统银行网络和点对点交易等特性，都将极大降低交易成本，并实现实时结算。这与传统金融需要金融网点和大规模网络化基础设施相比，在偏远地区、大规模资金交易、货币管理等众多金融应用场景中，显然是极大优势。

最后，数字货币有利于提高金融服务质量。数字货币交易不需要物理网点，交易时间灵活，金融金额可自由分割，尤其是可编程功能的引入，能更好地满足商业和便民服务的交易需求，提高金融服务的满意度。

在国际货币基金组织的调查中，为什么金融服务越不发达的国家，尤其是支付越不便利的国家，引入数字货币的动机更高，也许正是因为数字货币将会成为发展普惠金融的重大推力。

第二，对商业银行冲击和金融稳定的负面影响。如果数字法币设计得当，可以增强支付系统的弹性，避免过分依赖银行系统支付服务的系统风险。同时，还可以避免私人数字货币的风险，增强金融稳定性。但从当前研究来看，业界更多的是担心其负面影响，尤其是对现有金融结构和金融稳定产生的较大影响。

对金融结构的影响主要来自对商业银行的冲击。现代金融起始于银行业发展。现有货币的发行模式都是央行对以商业银行为主的金融机构发行。商业银行提供从货币持有保管、支付代理到存贷款等多种金融服务，是最重要的信用中介、支付中介和创造信用的流通工具，是国家货币政策体系中的重要传导者。因此，在现有各国金融体系中，商业银行均居于核心主导地位。

引入数字法币却可能改变这些。如果央行发行零售数字法币，即直接针对个人和企业发行，商业银行的中介作用显然被弱化了。如果央行发行批发数字法币，即针对商业银行等金融机构发行，持有商业银行存款的个人和企业要持有和使用数字法币，则必然推动将银行存款转换为数字法币，再加上商业银行支付中介的作用弱化，商业银行在整个金融体系中的作用和地位很可能发生变化，而央行最后很可能变成了超级央行。

自比特币开始，去中介化已成为数字货币的显著特征。数字法币对商业银行的冲击是因为引入数字法币导致的对商业银行的去中介化。存款从商业银行向数字法币的转换导致银行业资产负债表的萎缩过程也被称为"脱媒"。一方面，"脱媒"表明数字法币对用户有吸引力，引入数字法币获得了成功；另一方面"脱媒"将导致央行存款减少，可利用资金和贷款资金减少，商业银行的资产负债表发生变化。尤其是如果数字法币是计息的，将加速银行存款"搬家"，就像支付宝和微信零钱通打通货币基金购买渠道实现"变相计息"后一样。这将影响商业银行提供贷款的能力。与此同时，商业银行还将不得不从央行提取准备金。显然，"脱媒"的规模越大、速度越快，对银行体系的冲击越大，对金融体系结构的影响和金融稳定性的影响也越深远。

引入数字法币可能增加金融体系的风险，主要体现在如下四个方面。

一是银行挤兑风险。在数字法币发行初期、经济下行期，或银行自身存在经营困难时，储户出于安全和分散风险的考虑，可能有更多动力将其存款转换为数字法币，从而很可能导致从存款到数字法币转换的银行挤兑效应。

二是集中化风险。在最极端的情况下，数字法币完全取代了商业银行的交易即期存款，如果不减少贷款，这些银行将完全依赖于其他资金来源。这将导致前述分析中出现的超级央行现象，金融体系也全部聚焦于央行。与此同时，要维持商业银行体系的运转，中央银行必须扩充其资产负债表以为银行提供融资，但将面临缺乏资产与负债匹配的难题。

三是技术风险或安全风险。央行引入数字法币后，很可能成为全球性网络攻击的目标。由于央行不可能对数字法币的发行和交易、转移采取类似于比特币的去中心化机制，大批量、高频次交易对其身份验证的技术能力也是重大考验。此外，由于数字法币是匿名的真正主权货币，数字法币的持有和存储将很可能成为非常有吸引力的网络攻击目标。

四是非法经济活动风险。由于数字法币是类现金，如果持有、转移和交易如同比特币等第一代私人发行数字货币一样，将很容易成为洗钱、恐怖活动融资、商业贿赂等非法经济活动的重要工具，这将对现有金融监管构成重大挑战。

4. 对跨境支付和国际贸易的影响

由于各个国家金融管制和银行账户体系的不同，两个不同银行账户跨境转账通常需要额外的汇率转换、交易转账和清算机制等安排。对于大额支付，通常需要在满足不同国家金融监管法规的同时，还需要通过特定支付系统才能实现。因此，跨境支付成本高、速度慢、效率低。另外，正因为现行跨境交易支付和清算受制因素多，为美国等一些国家的强权制裁提供了可乘之机，国际贸易也受到较大影响。

私人数字货币受到市场追捧的一个重要原因是，可在全球范围实现匿名和点对点交易，不受任何强权国家、企业、组织或个人干涉，具有直接、保密性好、安全度高等特点。同理，在理论上，引入数字法币对于跨境支付结算也是一次重大革命。

首先，对于同一币种数字法币，点对点支付，不需要中间机构，支付即清算，不仅大幅度提高效率，还因为去中心化和去中间化，可以实现交易成本降至零。对于不同币种的数字法币，如果建立双边数字法币间"原子"层级的兑换关系，理论上也可以实现直接的去中间化的点对点支付。

其次，数字法币用于跨境支付更加简单便捷。现行货币间的跨境支付存在个人与企业间差异、信用等多方面的制约，数字法币间的支付是基于数字钱包，叠加智能合约技术，可以解除对信用、担保、支付时间等因素的制约，甚至可以考虑将风险因素、汇率波动等纳入支付条件，从而简化支付交易过程。

最后，数字货币跨境支付的形成是对美元主导、以 SWIFT（环球同业银行金融电讯协会）和 CHIPS（纽约清算所银行同业支付系统）为核心支付体系的重大挑战。引入数字法币将使得建立新的全球跨境支付体系成为可能，有利于避开一些霸权国家对国际金融制裁权的滥用。以美国对伊朗制裁为例，如果有一种数字货币可以在伊朗与其他国家被认可，可以采用数字法币间的点对点支付完成贸易结算，而不需要通过 SWIFT，也完全不需要德、法、英三国建立的用于与伊朗贸易的支付体系 INSTEX。

同样，类似于比特币等私人发行数字货币被广泛用于投机炒作，引入数字法币对跨境金融监管和国际贸易监管的挑战也显而易见。最直接的挑战是，由于数字法币支付的点对点交易，去中心化的清算将对反洗钱和恐怖主义融资等金融监管构成巨大挑战。其次，数字法币虽然便利了国际贸易支付，但相应的偷税、逃税也更加容易，尤其是对国际服务贸易，经济活动更加难以统计和监测，很可能导致国际经济贸易统计和规则的重构。

六　数字货币发展趋势与央行应对

（一）数字货币创新发展趋势

1. 技术驱动的私人数字货币大规模应用将很难避免

币值不稳定和缺乏国家信用背书是反对比特币等私人数字货币应用和主张严格监管数字货币的两个主要论据。事实上，这不过是货币国家主权论的另一种论调。在现实经济中，黄金成为全球认可的硬通货的例子表明，国家信用背书从来都不是一种货币能否真正成为商品交换一般等价物和资产储备的必要条件。私人数字货币就是数字经济世界中数字化的商品货币。理论上，投资者和消费者的认可是私人数字货币的信用价值基础，足可以替代国家信用背书。

从 2019 年开始，稳定币型的数字货币 USDT 和 ONEROOT 先后获得美国货币服务监管许可和加拿大数字货币许可，标志着第二代数字货币在解决了币值不稳定问题后，将迎来发展的春天。现有稳定币信用基础弱，应用范围窄，缺乏完整的应用生态和清晰的商业逻辑。Facebook 推动发行 Libra 表明，随着数字经济的发展，将有更多数字经济巨头关注数字货币的发行和应用。显然，目前阻止私人数字货币应用的主要是主权国家的金融管制权。随着金融科技的不断发展，私人数字货币将继续演进和不断完善。未来无论 Libra 是否能顺利发行，私人数字货币的大规模应用将很难避免。

2. 超主权私人数字货币将挑战主权法币和倒逼央行发行数字法币

与现有国家法定货币相比，数字货币具有更高安全性、自由度、隐秘性和交易成本低的优势。目前来看，由于各个国家批发支付中货币已经数字化，而服务于零售支付的第三方支付也有不同程度的发展，将来能真正被市场认可的数字货币是跨国数字货币，即能跨国使用的数字货币。

以 Libra 为例，Libra 白皮书中明确提出 Libra 的目标是建立"一套简单的、无国界的货币和为数十亿人服务的金融基础设施"。不同于现有多数数字货币，Libra 是借鉴国际货币基金组织的特别提款权理念和按照国际货币的定位来设计，具有稳定性、低通胀性、全球接受度和可替代性。虽然Facebook宣称Libra不与任何主权货币竞争，或进入任何货币政策领域。但显然，如果没有各国金融监管机构的干预，依靠强大技术基础、庞大用户规模和未来形成的可靠消费体验与丰富应用生态，Libra将不仅是一种私有加密数字货币或简单便捷的支付工具，它将成为以稳定币值和数十亿用户信用为背书，超越任何国家主权的超级货币。无论是锚定一篮子法币还是锚定单一主权法币，如不加监管约束，类似于Libra的无国界货币本质上都将演进为超主权货币，它挑战的是现有主权法币的货币主权和金融主权。这也是当今各国央行选择是否引入数字法币的重要考虑因素。

3. 私人数字货币和央行数字货币将走向融合互鉴

从技术路线来看，区块链技术被认为是现有私人数字货币的技术基础，但第一代数字货币因采用比特币技术导致交易效率受到影响，交易平台脆弱以及交易成本高等问题逐渐显现，也影响了各国监管层对区块链技术的采用。与此同时，区块链技术本身也在不断创新，例如，以太币在比特币基础上增加智能合约技术，Libra则采用与现有多数私人数字货币公有区块链不同的联盟链。包括中国在内，多个国家试验、试点和研究均证实，尚需要进一步大规模验证包括区块链技术在内的分布式账本技术。显然，随着安全技术的发展，技术路线中性化将成为重要发展趋势，也将影响未来新发行私人数字货币的技术路线选择。

从运作管理和运行模式来看，现有法币是典型集中化模式，未来数字法币一方面需要借鉴私人数字货币去中心化特性的优势，如直接交易、隐私保护等，另一方面也需要从金融监管和安全的角度出发，保留货币监管和货币政策调控权，因此最大的可能是选择相对去中心化的运作和管理模式。包括比特币在内的现有私人数字货币，其支撑区块链技术采用非许可网络，基于密码学和特定算法计算其产生和确认、记录交易行为，从数字货币发行到流通，不受任何国家、国际组织、企业或个人控制或影响。因此，"去中心化"被认为是这类数字货币确保自由和安全的最大优势。但这一认识误区却极大限制了主权国家金融监管部门的认可。这也是类似于比特币的不受监管的"无主"货币难以获得真正的成功，以及Facebook被迫妥协的重要原因。反过来看，私人数字货币要接受主权国家金融监管部门的许可和监管也意味着，至少在短期内私人数字货币难以凭借"去中心化"特征成为真正的超主权货币。因此，未来数字货币的运行模式必须满足KYC审查、反洗钱、反恐怖活动融资等监管要求。相应地，与去中心化相关的匿名、不可追踪等应用功能都需要有相应的"变通"设计，未来私人数字货币将走向相对去中心化。

4. 应用生态和可扩展性将成为决定数字货币成功的关键变量

虽然有一些企业和机构支持比特币等各种私人数字货币，但总体而言，由于第一代数字货币的发展是渐进式的，并未能形成丰富而完整的应用生态。因此，尽管私人数字货币类型越来越多，但影响和应用普及面反而越来越小。一个很重要的原因在于缺乏完整的应用生态支持，而应用生态已成为影响新兴数字经济模式成功与否的重要变量。相比之下，Libra 获得广泛关注和各国监管层的高度重视，并非因为其技术的先进性和 Facebook 或 Libra 协会的背书，而是因为 Libra 连接了 Facebook 庞大的个人用户群体和企业群体，形成了以 Libra 计价和支付为核心的一套完整的货币应用生态系统，与此同时 Libra 为与其他应用及第三方支付的连接提供了新的扩展机会，从而使 Libra 成为事实上的超主权货币成为可能。这对数字货币的发展是一个重要启示，未来不具备应用生态支持和可扩展性的私人数字货币都将逐渐沦为投机炒作和非法经济活动的工具。

这一规则同样适用于主权国家的数字法币。由于第三方支付的发展已满足了大多数合法数字经济活动的支付需求，如果数字法币无法提供丰富的应用生态，缺乏高扩展性和应用弹性，仅依靠央行身份加持和国家信用支撑，恐难以产生吸引力。

（二）应对数字货币创新挑战的政策建议

1. 加快完善私人数字货币监管

私人数字货币发行既是重要的金融科技创新和金融创新，对推动数字法币发行、数字金融发展和金融创新都具有重要作用，但毫无疑问也具有巨大风险。总体来看，当前中国金融监管是以机构监管为主、功能监管为辅，行为监管刚起步，对私人数字货币监管主要是依据防范代币发行融资和互联网金融专项治理等相关政策文件，监管法律和政策相对滞后，既有监管法律和政策的缺位，也有监管边界的模糊地带。

一是要健全监管法律和政策。要根据数字经济发展的趋势，明确私人数字货币的法律关系和产品性质，明确监管主体、监管边界和监管责任。法律和政策既要为私人数字货币的创新预留空间，也要为依法监管提供法律和政策依据。要结合金融体制改革，加快建立功能监管与行为监管相结合的监管框架，探索行为监管的有效方法。

二是疏堵结合，建立分类监管模式。对私人数字货币相关经济活动，既不能一棍子打死，也不能放之任之。要区别私人数字货币发行与私人数字货币转移、交易和支付应用，尤其是要对不同性质和不同功用的代币发行及其应用给予区别性监管。

三是维持高波动性私人数字货币严监管政策。包括比特币等在内的高波动性私人数字货币已完成其数字货币的启蒙使命，正在成为投机炒作和非法经济活动的工具。尤其是近年来，少数企业打着金融科技、区块链创新、创新融资、商业模式创新等名义，发行毫无任何内在价值或信用支撑的"空气币"，炒作博傻，扰乱金融秩序。要继续从金融安全和金融稳定的高度，维持对高波动私人数字货币发行和支付应用的严监管。

四是规范私人数字货币创新探索。数字经济时代，私人数字货币有其生存空间，不可能完全禁止。同时，私人数字货币也是金融科技创新的重要领域。加强"监管沙盒"研究，研究启动私人数字货币创新试点，允许具备条件的市场主体开展私人数字货币发行、交易和支付创新探索。

2. 积极应对无国界稳定型私人数字货币的创新挑战

以 Libra 为代表的无国界稳定型私人数字货币不仅对人民币国际化和国内应用产生巨大影响，也是对中国国际资本流动和金融监管的巨大挑战。但各国金融监管当局对 Libra 的简单拒绝并不易取得成功。考虑到无国界稳定型私人数字货币应用的发展趋势，应未雨绸缪，以参与和合作的立场进行积极应对。

一是金融监管和网信等部门应主动对接，进一步沟通了解无国界稳定型私人数字货币在法定货币锚定、钱包应用、消费者隐私保护、反洗钱、理事会组成和运作等方面的细节情况，不要轻易否定或简单拒绝。

二是坚持无国界稳定型私人数字货币在中国应用必须纳入中国监管，必须纳入锚定人民币或将人民币纳入锚定的货币篮子。这是基本的政策立场，也是中国作为世界第二大经济体的权利。通过纳入监管，确保掌握必要信息，确保合法使用；通过锚定人民币，可以有效避免人民币被边缘化。

三是鼓励和支持国内企业参与国际巨头发起的无国界稳定型私人数字货币项目，包括开放国内企业参与 Libra 理事会，开发用于 Libra 的钱包，与 Facebook 公司开展合作等。

四是试点开放国内企业发行无国界稳定型数字货

币。数字货币是数字经济发展和数字经济下支付的基础，中国在电子商务和第三方支付领域处于全球领先水平。国内应开放或试点电子商务企业、第三方支付企业或其他互联网行业领军企业发行无国界稳定型数字货币，尤其是支持国内企业发起、主导与境外跨国企业合作，加强无国界稳定型私人数字货币的创新和监管探索。

3. 加强研究和试点但不应急于发行数字人民币

综合前述分析可以看出，尽管央行发行数字法币有诸多利好，且仍面临私人数字货币的挑战、数字经济发展的需求和现金使用减少的趋势，但也需要考虑诸多其他风险和挑战。央行发行数字法币"牵一发而动全身"，只能成功不许失败，而货币作为基本金融要素和支付作为基本金融基础设施，则要求安全和稳定至上。因此，主要经济体均未决定是否以及何时引入数字法币。美联储的观点和应对[1]具有代表性。美联储认为，在美国，借记卡、信用卡、支付应用程序、自动票据交换清算网络等支持的电子方式已广泛使用，私人提供的实时支付解决方案和移动应用程序基本较

---

[1] Lael Brainard, *Cryptocurrencies, Digital Currencies, and Distributed Ledger Technologies: What Are We Learning?* May 15, 2018, https://www.federalreserve.gov/newsevents/speech/files/brainard20180515a.pdf.

好地满足了便捷数字支付需求，目前尚没有任何迫切理由需要美联储发行数字货币。为了应对需求和挑战，美联储支持银行、非银行金融机构、企业、零售企业、消费者团体和标准机构等不同利益相关者成立"快速支付工作组"（Faster Payments Task Force）和"安全支付工作组"（Secure Payments Task Force），以便为建立一个快速、泛在和安全的数字支付系统研究建立新的路线图。

中国第三方支付处于领先水平，引入数字人民币的需求同样并不迫切，相反可能直接受冲击和影响的就是第三方支付的发展。相应地，应像英国一样积极准备，以便在需要时可以迅速出台方案。因此，在目前阶段暂不发行数字人民币，而是加强研究，准备各种可能方案，开展相应的技术测试、试验甚至是试点，为正式发行做好准备。

4. 合作推动发行区域跨境数字货币

与在国内市场相比，数字货币的便捷性、可编程性和低交易成本决定了其在跨境支付中更具有优势。由于现代货币已经成为国家主权信用背书的交易媒介和数字符号，因此对处于国际主导地位的实体法定货币如美元，并无发行数字货币的紧迫性；对国际储备和支付市场占有率较低的现有实体法定货币而言，由单一国家发行与其法币对应的数字法币同样很难获得较高的国际认可度，因而在跨境支付中并无实质意义。考虑到当前人民币国际化面临的形势和中国国际贸易结构与形势，中国应重点推动通过合作方式发行区域性跨境数字货币。

第一选择方案是与日本和韩国合作，结合中日韩东亚自由贸易区，锚定人民币、日元和韩元共同发行数字货币，可用于三国间贸易等支付结算。第二选择方案是与东盟合作，锚定人民币、东盟主要国家货币和美元，共同发行数字货币，可用于中国与东盟间贸易支付结算与居民往来普通支付结算。具体组织形式可以参考 Libra 理事会组织模式，在中国香港、新加坡或中国南宁设立由相关国家央行、银行、金融科技公司和跨国公司等参与建立的管理自治体。第三选择方案是在"一带一路"倡议下与相关国家合作，研究发行锚定人民币和美元等一篮子货币的跨境数字货币。具体组织形式可与亚投行等国际金融机构合作，参考国际货币基金组织特别提款权进行设计。

5. 积极参与数字货币国际合作

积极参与国际货币基金组织等相关国际组织，以及加强与主要国家央行关于数字货币研究和监管的国际交流合作，尤其是加强包括数字货币技术交流、跨境支付、消费者保护、隐私保护、数据安全、反洗钱、反恐融资、私人数字货币监管和基于数字货币的跨境资本流动监测等合作，积极推动逐步建立监管规则。

（三）关于数字人民币发行方案的若干建议

1. 在相对中心化基础上走技术中性路线

数字法币的技术中性是国际金融组织和主要国家央行研究已形成的基本共识，即数字法币并非必须使用包括区块链在内的分布式账本技术，但分布式账本技术的某些组件或创新特性如可编程、智能合约等可以不同形式被使用。考虑到稳定性和安全性的需要，以及央行自身天然的中心化角色，数字人民币应以功能需求作为技术路线选择的出发点，在相对中心化的基础上坚持技术中性路线，即由中国人民银行建设数字人民币核心分类账，构建核心功能，其他功能通过模块化技术实现，由央行或市场竞争性提供，以满足数字人民币技术系统的弹性和可扩展性，但不预设技术路线，达到满足核心功能基础上的相对去中心化。

2. 在发行和应用上走中间路线

除技术选择外，引入数字货币需要解决三个关键问题：如何发行？有哪些用途？如何使用？从发行和使用来看，瑞典试点的电子克朗是由央行面向居民家庭和企业发行的零售型数字法币，其他均是由央行向金融机构发行的批发型数字法币，主要用于金融机构与央行、企业之间的支付结算。

从报道和相关文献来看，中国的数字人民币采用双层运营体系，即央行向商业银行发行数字人民币，商业银行再向居民家庭和企业分发。不同于前者，非金融部门需要向金融部门以存款按等比例兑换。这实际上是一种中间路线，从发行来看，数字人民币是典型的批发型，但从使用来看，数字人民币则偏向零售型。事实上批发型和零售型仅仅是就发行对象而言，并无绝对区分。私人数字货币对数字法币的挑战很大程度上来源于其在使用端的灵活性和受欢迎程度，未来数字经济的发展最终也需要可在终端支付使用的零售型数字货币。因此，数字人民币发行应坚持走中间路线，发行以批发型数字货币方式为主，但应具备可向居民个人和企业用户发行的技术可能性。与此同时，商业银行作为双层发行的中间媒介，应具有可将批发型数字人民币拆分为零售型数字货币的权利。这样既可以避免央行变成"超级央行"，也能避免对商业银行和金融体系运行造成较大冲击，同时由于保留了零售发行渠道，还可以确保在特殊条件下央行货币政策能得到顺畅传导。

3. 灵活实现钱包体系和账户体系的兼容

现有货币和金融体系都是账户体系，而私人数字货币和多数第三方支付都是一种钱包体系。数字法币发行虽然不同于传统银行和私人数字货币，但也要考虑数字货币的技术特征、发展趋势和用户习惯，兼顾现有银行和金融体系的稳定性，因此与数字人民币发行和用途相适应，数字人民币的管理应实现账户体系和钱包体系的灵活结合。现在研发测试中的中国人民银行数字货币采取的是一种账户松耦合方式，即在中国人民银行集中发行框架下，商业银行为媒介的二元账户体系不变。居民个人或企业欲通过银行持有数字人民币，需要先开设银行账户，银行在其银行账户中增加数字货币钱包 ID 字段。居民个人或企业也可以在其他应用服务商或钱包服务商处申领数字货币钱包。

显然，这种设计强化了商业银行在数字人民币发行和应用中的中介地位，有助于控制数字人民币对商业银行的可能冲击和影响，有助于实施 KYC 和反洗钱、反恐怖融资等管理，但却弱化了数字人民币最终用户的自主性，并不符合数字货币点对点交易、便捷、匿名和低成本等技术经济要求，也不利于促进开展新型支付创新，更不利于发挥数字货币推动数字金融创新的作用。数字货币是类现金，其交易和支付过程应如同现金一样不需要商业银行等金融机构的参与。建议中国人民银行根据数字货币的特性、交易特点和金融监管要求，提出可满足金融监管的数字人民币钱包技术和功能标准，第三方支付机构、应用服务商和商业银行均可根据该标准设计和提供数字钱包，平等竞争，提供包括用户注册、身份验证、KYC检查、转移和各种支付服务等。消费者自由选择，不限制钱包数量，并可自由选择其数字钱包与传统账户是否绑定建立对应耦合关系。在数字钱包服务企业协助下，中国人民银行通过掌握核心分类账和技术手段实现监管目的。

4. 保留多种政策工具的可用选项

数字货币是重要的数字金融基础设施，将很可能对金融系统、金融运行乃至宏观经济调控产生全方位的冲击和影响。因此，引入数字人民币需要有相应的政策工具备用以确保安全可控。

一是持有人资格管理。理论上，法币不应对持有人差别性对待。但鉴于数字人民币发行初期的匿名特征和存在的风险因素，中国人民银行有必要对持有人资格进行一定限制。这类似于准入管理，主要是限定在不同时期哪些人或哪类企业可以拥有数字货币钱包，可以转移、支付使用数字货币。

二是利率。理论上，数字人民币是法定主权货币的数字化形式，是中国人民银行的债权，中国人民银行理应为其债权支付利息。在实践上，如果数字人民币不计息，在第三方移动支付非常方便的情况下，除了炒作和非法经济活动的需求外，金融机构、企业和居民家庭都缺乏将其存款兑换为数字人民币的动力。如果数字人民币可计息，则数字人民币利率可成为重要的货币政策调控工具。因此，为了更好地发挥利率的调控作用，数字人民币的计息应是可计息，且利率可调整。例如，商业银行、非金融部门和居民家庭持有数字人民币时，利率不同。

三是总量管理。首先是数字人民币发行总量应是可管理的，即按照央行货币政策、货币投放总量和数字货币市场需求调节控制数字货币发行量；其次是持有量管理，包括对单个数字货币钱包持有量控制和单个持有人不同钱包的持有总量控制，这样既避免对商业银行的冲击，也避免数字人民币炒作，还有利于实施反洗钱、反恐怖活动融资等金融监管。

参考文献

李礼辉：《数字货币重构货币体系？》，载任仲文编《数字货币领导干部读本》，人民日报出版社2019年版。

王永利：《数字货币的核心特征》，选自任仲文编《数字货币领导干部读本》，人民日报出版社2019年版。

姚前、陈华：《数字货币经纪分析》，中国金融出版社2018年版。

钟伟、魏伟、陈骁：《数字货币：金融科技与货币重构》，中信出版社2018年版。

杜金富：《数字货币发行利率与技术路径选择》，《中国金融》2018年第11期。

焦瑾璞、孙天琦、黄亭亭、汪天都：《数字货币与普惠金融发展——理论框架、国际实践与监管体系》，《金融监管研究》2015年第7期。

王信、郭冬生：《瑞典无现金社会建设启示》，《中国金融》2017年第18期。

徐忠、姚前：《数字票据交易平台初步方案》，《中国金融》2016 年第 17 期。

姚前：《理解央行数字货币：一个系统性框架》，《中国科学：信息科学》2017 年第 11 期。

姚前：《中央银行数字货币原型系统实验研究》，《软件学报》2018 年第 6 期。

彭绪庶：《更好把握金融科技的本质》，《经济日报》2018 年 6 月 28 日第 15 版。

［美］大卫·文：《数字货币与普惠金融》，司晓玲译，《金融时报》2017 年 2 月 20 日第 12 版。

Blumberg：《70% 的美国人认为金融科技优于传统金融机构》，2016 年 11 月 14 日，https：//news. trjcn. com/detail_ 179447. html。

郭航：《国外主要国家无现金社会发展概况及对我国的启示》，2017 年 9 月 21 日，http：//www. pcac. org. cn/eportal/ui？pageId＝598168＆articleKey＝599904＆columnId＝595049。

兰修文、胡景秀：《区块链密码算法及其安全问题研究》，2019 年 1 月，https：//www. bitesky. com/block/92. html。

链塔智库：《2018 稳定币研究报告 2.0》，2018 年 11 月 8 日，https：//finance. sina. com. cn/blockchain/roll/2018－11－09/doc-ihnprhzw9735543. shtml。

吴说区块链：《比特币地址数接近 3000 万但增长缓慢，牛市真的来了吗?》，2020 年 2 月 12 日，https：//www.huiyep.com/data/166826.html。

中国人民银行、中央网信办、工业和信息化部、工商总局、银监会、证监会、保监会：《关于防范代币发行融资风险的公告》，2017 年 9 月 4 日，https：//m.cebnet.com.cn/20170905/102423172.html。

中国人民银行等：《关于防范比特币风险的通知》（银发〔2013〕289 号），http：//www.gov.cn/gzdt/2013-12/05/content_2542751.htm。

中国人民银行支付结算司：《2018 年支付体系运行总体情况》，2019 年 3 月 18 日，http：//www.pbc.gov.cn/zhifujiesuansi/128525/128545/128643/3787878/index.html。

中国信息通信研究院：《G20 国家数字经济发展研究报告（2018 年）》，2018 年 12 月，http：//www.caict.ac.cn/kxyi/qwfb/bps/201812/t20181218_190857.htm。

Bank for International Settlements, *BIS Annual Economic Report 2017/2018*, 2018, https：//www.bis.org/publ/arpdf/ar2018e.htm.

Bank for International Settlements, *Digital Currencies*, Nov. 23, 2015, https：//www.bis.org/cpmi/publ/d137.htm.

Bech, M., Garratt, R., *Central Bank Cryptocurrencies*, BIS Quarterly Review, 2017, https://www.bis.org/publ/qtrpdf/r_qt1709f.htm.

Capgemini Payments Services, *World Payments Report 2019*, https://worldpaymentsreport.com/resources/world-payments-report-2019/.

Central bank group to assess potential cases for central bank digital currencies, Jan. 21, 2020, https://www.bankofcanada.ca/2020/01/central-bank-working-group-cbdc/.

Christian Barontini, Henry Holden, *Proceeding with caution—A survey on central bank digital currency*, BIS Papers No. 101, Jan. 8, 2019, https://www.bis.org/publ/bppdf/bispap101.htm.

Codruta Boar, Henry Holden and Amber Wadsworth, *Impending arrival—A sequel to the survey on central bank digital currency*, BIS Papers No. 107, Jan. 23, 2020, https://www.bis.org/publ/bppdf/bispap107.htm.

Contingency Planning for a Central Bank Digital Currency, Feb. 25, 2020, https://www.bankofcanada.ca/2020/02/contingency-planning-central-bank-digital-currency/.

Dinesh Shah, Rakesh Arora, Han Du, Sriram Darbha, John Miedema, Cyrus Minwalla, *Technology Approach for a CBDC*, Feb. 2020, https://www.bankofcanada.

ca/2020/02/staff-analytical-note-2020-6/.

Erin Hobey, *Bloomberg & Galaxy Digital Capital Management Introduce Bloomberg Galaxy Crypto Index*, May 10, 2018, https://www.crowdfundinsider.com/2018/05/133282-bloomberg-galaxy-digital-capital-management-introduce-bloomberg-galaxy-crypto-index/.

Lael Brainard, *Cryptocurrencies, Digital Currencies, and Distributed Ledger Technologies: What Are We Learning?* May 15, 2018, https://www.federalreserve.gov/newsevents/speech/files/brainard20180515a.pdf.

Monetary Authority of Singapore, *Project Ubin: Central Bank Digital Money Using Distributed Ledger Technology*, https://www.mas.gov.sg/schemes-and-initiatives/project-ubin.

Narayanan, A., Bonneau, J., Felten, E., Miller, A. and Goldfeder, S., *Bitcoin and Cryptocurrency Technologies: A Comprehensive Introduction*, Princeton University Press, 2016.

Pankki, S., *Digital Base Money: An assessment from the ECB's perspective*, Jan. 16, 2017, https://www.ecb.europa.eu/press/key/date/2017/html/sp170116.en.htm.

Tommaso Mancini-Griffoli, Maria Soledad Martinez Peria, Itai Agur, Anil Ari, John Kiff, Adina Popescu, and Celine Rochon, *Casting light on central bank digital currency*, *Nov.* 12, 2018, https://www.imf.org/en/Publications/Staff-Discussion-Notes/Issues/2018/11/13/Casting-Light-on-Central-Bank-Digital-Currencies-46233.

彭绪庶，男，管理学博士，中国社会科学院数量经济与技术经济研究所创新政策与评估研究室副主任，研究员。主要研究领域为产业技术创新，先后主持或负责完成"十一五"国家科技支撑计划项目，国家发展改革委、世界银行、中日国际合作和中国社会科学院等委托重大研究项目，参与完成科技部国家软科学计划"创新驱动的理论与政策"和国家社科基金重大项目"转变经济发展方式研究"和国家社科基金重点项目"数字经济基本理论与经济影响"等课题，在《数量经济与技术经济研究》等核心期刊公开发表论文20余篇，独著和主编著作6部。近年主持研究出版中国首部《金融信息服务蓝皮书》，主持完成中国首次数字金融企业创新状况和创新能力调查。